U0004805

費曼學習法

不管學什麼都能成功
的技巧與心法

尹紅心、李偉——著

晨星出版

高效能的學習既是有趣的，
同時它的方法也是有跡可循的。

——費曼

目 次

CONTENTS

前 言

　　我們時常會困惑：為什麼耗費了相當多的精力，認真地學了很多的東西，我就是記不住也不會使用它們呢？換言之，從「高付出」的學習中，我們有時得到的卻是「低效能」，這真令人失望。

　　以投資理財為例：不久前，我的一位朋友想投身股票市場，買了一堆專業書籍埋頭苦讀、學習這方面的知識，確實也瞭解到了許多投資的規則和操盤的技術。他躊躇滿志地想實踐一番，但是過了一段時間後發現，並不是他學到的知識有問題，是自己的應用不對——他好像什麼都懂了，做起來卻一塌糊塗；他學了很多，又好像什麼都沒學會。

　　「是書教錯了，還是我學錯了？是哪個地方做得不對呢？」他感到迷惑，「如果知識派不上用場，學習還有何意義呢？」

　　這像極了我的一些學生的思想經歷。他們努力地學，在課堂上和課堂外都學得很多，但學到的東西好像又百無一用。一位學生比喻說：「學了那麼多，要用的時候就『見光死』，簡直學成了一個書呆子。」這讓我想到天空飄著的雲彩，漂亮而令人神往，可是永遠也不能化為我們手中的實物。有些學習的

效果就像為自己贏得了中看不中用的「天空之雲」。

　　這是因為，我們大多數人在學習中使用傳統方法得到的僅僅是由文字和數位拼成的「書面知識」，僅是淺層知識，沒有經過大腦的深度處理並成功地內化成自己的智慧或技能。也就是雖然付出了學習的過程、儲存了知識，卻仍然不具備輸出（應用）這些知識的能力。

　　這個論點不僅針對一般的閱讀，也包括職業培訓、進修、團隊教育訓練等更為複雜的學習。走出學校你會發現，這種「學而不用」的情況比比皆是，大部分的學習純屬虛度光陰。

　　還有一個原因是「被動學習」。比如就學時，學生在老師的安排、督促下被動地學習知識；為了應付考試，學生機械式地背誦、做題、與時間賽跑，進行各種強化訓練。大量的知識沒有時間進行內化，就被拿去考場驗證。高強度的被動學習在短期提高了人們的知識儲備量，反映在考試成績上固然很好；但在知識的實際應用上依然處於初級的階段。所以，剛走出校園的年輕人儘管知識淵博，在實踐上卻找不到方法；花很長的時間，付出很大的代價，才能將學到的東西轉化為工作的能力。

高效能的「費曼學習法」

物理學家費曼的一生有著足以銘刻史冊的學術成就，他也因自己獨特的教學方式廣為人知，深受推崇。在大學教授物理學時，他總是能夠深入淺出地將複雜的專業理論講得通俗易懂；無論多麼抽象、晦澀的概念，都能用非常生活化的例子表達出來，風趣幽默，一點也不枯燥。學生喜歡上他的課。後來，越來越多的人便採用他的這種方法學習，最終形成了人們眾所周知的「費曼學習法」。

它的核心思想是——當你準備學習一門新知識時，必須站在傳授者的立場，假設自己要向別人講解這門知識；那麼你一定要用最簡潔、清晰和易於理解的語言表達出來，才能讓非專業的人也能聽懂。費曼說：「最好是幾歲的小孩也能明白你在說什麼。」為此，他制定了一個簡單而容易達成的步驟：

第一：確立你要學習的目標

找到和列出自己想要瞭解的知識，可以是一本書、也可以是一門技術，甚至是你能想像到的任意領域和事物。

第二：理解你要學習的對象

針對這個目標，準備並擷取相關的資料，選擇可靠和多樣化的資訊來源，把這些內容系統化地歸納整理出來。

第三：以教代學，用傳授代替吸收

想像一個教學的場景，用自己的語言把這些知識介紹給他人，用以檢查自己是否已經掌握了這些知識。

第四：進行回顧和反思

對其中遇到阻礙、模糊不清和有疑義的知識重新學習、回顧和反思；如有必要，可以重整旗鼓，再介紹一次學習目標。

第五：實現知識的簡化和吸收

最後，通過有目的的簡化和整合，實現這些知識的內化和有效的應用。

通過這五個步驟，我們很容易便能有更深入的理解，加強學習的效果，讓自己順利地達到學習和運用知識的目的。在本書中，我們圍繞費曼的學習思想和他的教學經驗，對這五個步驟的要點、原則和應用的場景進行了全方位的解讀。

我在書中強調的重點是，學習和應用是互為一體的，無法對外輸出的學習就不能稱為學習。這是我對自己的學生、讀者和年輕人的期許；閱讀本書，學習費曼的思路，是要讓我們擁有出色的應用知識的能力，能夠運用知識，創造知識，並用知識改造世界。

學習的目的是應用

費曼學習法是對「學習本質」的回歸，也是對我們思維和分析方式的一次徹底改造。我們知道，人們大部分的學習都是為了理解新的事物，或者對新發明研究透徹。但新事物並非憑空出現，而是建立在大量舊事物的基礎上。就像一則物理學原理：物質不會憑空出現，也不會憑空消失——知識也是如此。我們的大腦將舊的資訊或知識串聯、拼接起來，組成新的概念、理論和資訊，再傳遞到負責記憶和行動的部門，轉化為具體的成果或知識。

大腦這種富有聯想力的運轉方式塑造了兩種根深蒂固的學習模式：

第一，越熟悉的概念，大腦越喜歡。「相關性」是大腦學習和記憶的主要原則。就像餐桌會讓大腦想到吃飯和廚房，不會想到悠遊卡和伐木工廠；漂亮的裙子會讓大腦想到美女和愛情，不會想到紙箱和鑰匙一樣。大腦在最具相關性的物品間建立連線，產生一張由舊資訊組成的知識之網。

第二，在不同的概念之間強行建立聯繫，也是大腦的特長。這是我們與生俱來的創造性的功能，大腦會為一切可以對比的事物建立連結，以便獲得一個合理的解釋。比如，看到餐桌，大腦可以想到美女，再想到一杯咖啡、一棟房子、一個家

庭乃至幸福的一生。在不同的事物、概念和場景之間，大腦能創造性地建立聯繫，做出新的解釋；假使經過訓練和開發，便可為我們帶來新的知識，產生新的能力。這是我對本書的另一個期許。

當大腦長時間地習慣於淺層的學習模式時，對新知識的創造力就會受到抑制。我們總會刻意地尋找一些舊的解釋，迴避那些新奇但有效的觀點。越專業的學習越容易顯示出這種問題，大腦會沉迷於組裝、兜售舊概念的無聊遊戲之中。輸入的資訊越多，它所裝載的知識也越發得龐雜無效，學習便成了一種無趣。

比如，當你學到一種新的寫作風格時，第一時間就會對比那些自己已經知道的作家；你從他們中間挑選出一個與自己最接近的風格，然後建立一種也許略為牽強的聯繫。你像他，於是學習他；如果探索的過程到此為止，你對自己的寫作風格便很難具有原創性、無法描述得更吸引人，你的創作會一直停留在模仿的階段。

解決這個問題的最好方法就是學會運用，激勵我們的大腦更多地使用深層的學習模式。運用會把你的角色顛倒過來。在輸出知識的過程中，你可以站在另一個「自我」的角度審視這些內容。那個「自我」是知識的講解者，你由此獲得了一個檢驗自身學習成果的機會。你要把學到的東西有邏輯、有結構

地傳達出來，看看它是否具有吸引力和傳播力。如果你自己和別人都沒有聽懂，也不覺得多麼有用，那它怎能稱得上是已經被學到的知識呢？知識的運用越多，我們對於陌生事物的聯想就越豐富，學習的創新性就越強，最終成功地突破舊知識的框架，得出有價值的新知識。

如前所述，人類所有的新知識，其實都是由舊的知識構成和解釋的。我們獲取新知識的過程，本質上便是通過大腦的組織與聯結，將新的概念插入到舊的體系中，再在動態的學習中將之轉化成一個合乎邏輯、富有張力和強勁生命力的知識系統。這就是為什麼費曼主張用「以教代學」的知識輸出模式來進行學習的原因。

費曼認為，輸出不僅僅是學習的最佳方式，同時也是學習的終極目的——當我們要學習一種新知識時，用最淺顯易懂的語言去闡述它時，大腦就會從記憶庫中提取那些熟悉的資訊，在舊的知識和新的概念中產生強大的關聯，新的知識便容易得到大腦徹底的理解。最重要的一步是，你要反覆地進行這一過程，使大腦多進行創造性的聯想，我們對新知識的吸收和應用的能力才會變得更強。

本書的要點

在本書的第一部分，我們首先介紹了學習的本質和現實的

問題，並且詳細闡述了費曼分析法的核心要素、思維模式和主要步驟。對於不同場景下的應用和成果，我們也列舉了大量的案例，尤其適合今日網際網路時代和資訊化背景下的學習。

本書的第二部分講述了運用費曼分析法的第一步：如何確立和鎖定學習目標。選擇要掌握的知識只是學習的第一個環節，同時，書中還討論了怎樣驗證學習一門知識的必要性，以幫助我們確立學習的邏輯，找到相對正確的方向。對於想在各個領域有所建樹的讀者來說，這都是一個非常重要的問題。

本書的第三、四部分深入講解了理解一門知識的技巧和以教代學的學習方式。這兩部分的內容也是費曼分析法的核心。將我們要學習的知識系統化是一項並不是想像中那麼輕鬆的工程，費曼提供了篩選和將知識系統化的原則。在第四部分，我們用非常翔實的內容為讀者展示了輸出式學習的方法，其中很多的案例都極具參考性。我們對比了不同行業、年齡段和職業群體的學習模式，提出了實用性的建議。

本書的最後兩部分是費曼分析法中如何回顧與簡化知識的兩個步驟。通過對於知識輸出過程的回顧，我們可以從中發現自己的弱項，重新理解和解決學習中的問題，進行再一次輸出。在這個重複的過程中，我們便有效地掌握了這些知識；通過簡化，我們能夠對已經學到的內容進行提煉總結，順利地完成知識的內化，形成我們自己的知識體系，最終完全達到學習的目的。

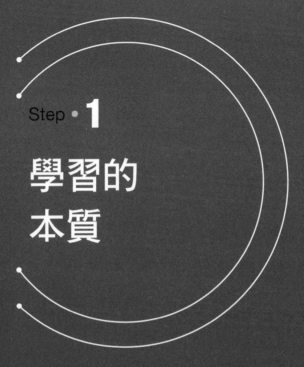

Step · **1**

學習的
本質

關 鍵 字　　思 維

費曼學習法是一種頂級的思維方式，它能幫助我們真正
掌握一門知識，因為它揭示了學習和思考的本質。

掌握一門知識有多難

我的好朋友、商業機構高階主管唐先生，他的兒子小唐今年 25 歲，即將從美國普林斯頓大學畢業。在一次聚會中，談到「未來發展」的話題，小唐十分乾脆地拒絕了父親的安排，向大家宣佈他將自己成立一個小型團隊，投身於國內的環保產業，並已為此做好了充分的準備。

引起我注意的不僅是小唐的傲人成績和早熟的職業規畫能力，還有他的學習方法。從中學開始，小唐就擁有自己的學習小組，每個學習小組都代表了不同的興趣和方向。比如：商業管理小組，證券投資小組，IT 技術小組，還有科學理論和環保知識小組。他與不同的老師和同學在小組中做有目的性的討論，瞭解這些領域是否合乎胃口和興趣，儲備相關的知識。

但到了大學時，他的學習小組只剩下了兩個：環保和商業管理。通過 5 到 8 年的學習，他認為自己的興趣是環保；他不準備子承父業，即使在商業管理方面也積累了出色的能力，或許仍然可能涉足於此，也只會是一條幫他賺錢的管道，而不是他今後的主業。

小唐的這種學習方法與傳統的學校模式迥然有異。他有目的地主動學習，在小組討論的基礎上不斷地接觸新資訊，總結分析，消化吸收，再做出選擇。這和本書宣導的費曼學習法一脈相承。

唐先生感慨地說：「我們那代人的學習是工業化的，就像一件生產線上的產品，沒多少選擇。因為那時資訊少，知識面狹窄，我們只是去學習必須掌握的東西，然後再走一條別無選擇的道路去運用這些知識。可是現在不同了，你能想像一個普通的行業也有幾百種選擇嗎？學習不再是那麼簡單的事情。」

兩種學習，你是哪一種？

在今天這個時代，**學會一種新遊戲越來越容易，可掌握一門新知識卻越來越難**。為什麼大部分人學而不得？我們大多數人正在使用傳統的學習方法，它具有三個特點。第一，死記硬背，或疊加閱讀量，量變達成質變。第二，盲目崇信書上的理論或框架，視野狹窄。第三，標準化應用。嚴格按照學到的知識去實踐，遇到問題生搬硬套，缺乏創新。

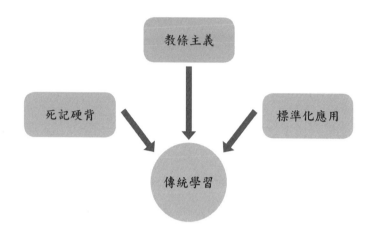

死記硬背

　　優點是能在短時間內累積盡可能多的資訊，學到大量的知識點。缺點是內容留存率低，今天記住的東西過幾天便忘得差不多了。

教條主義：老師／書上說什麼就是什麼

　　優點是節省時間，不加以懷疑地全盤接收一種理論或知識。缺點是扼殺了其他的可能性，縮小了自己的視野。

標準化應用：生搬硬套

　　優點是快速和高效地將學到的知識加以應用，前提是必須碰到一個適合使用所學理論的場景。缺點是因為缺乏變通而導致的水土不服，一旦與所知所學條件有異，或場景變換，知識就無法派上用場。

提到傳統的學習思路，我們第一時間就會想到機械式背誦這種方法，它是輸入式學習的強力工具，也是在家庭和學校教育中被廣泛採用的一種思路。中學時代，在大考前為了學好英語，有幾個人沒有徹夜朗讀和瘋狂地背誦過單字呢？我當年的一位同學曾經每晚讀、背到凌晨，連續堅持兩個月，最終發燒入院。為了背唐詩，小時候我也曾經頭昏腦脹。幸運的是，在那些適合重複記憶的知識上，只要能堅持下來，它還是有效果的。

機械式背誦這種方式就非常契合上述提到的三個特點，**它的唯一目的就是輸入知識**，追求在最短的時間內讓人記住最多內容，然後在考試的場景中過關（標準化應用）。

但是，隨著時代的進步、社會節奏的加快和網際網路的發展，學習這件事也開始進化。過去的方式正逐漸暴露出弊端，它仍然承擔著學習的過程中一些重要的使命，但人們已經無法僅依靠傳統的學習方法便成為**「新時代的知識菁英」**。

小唐的成功是另一種學習：省時、高效、成果好。他的父親唐先生無疑是現代社會的知識菁英，小唐本可以沿著一條傳統的學習之路，便可輕鬆地承襲父親 80% 的資源。但他考慮得更長遠：

- 假如我失去父親的庇護，我的學習還叫「學習」嗎？
- 我學到的成果是否是真正有價值的「成果」？

我們從英語角（English Corner）、華語角這種形式中也能看到更好的學習思維的影子。與任何一個可能的人對話，闡述你對一門或多門知識的見解，難道不是一個更好的、令自己印象深刻的方法嗎？

和學習小組類似，體現了學習的最終本質應該是運用而不是記誦。當你將知識的輸出作為輸入的輔助工具時，學習的效果可以立時提升百倍。

我一直認為，提昇自己的思維，確定好方向，學習就從來都是一件很簡單的事情。

「線上學習」是費曼學習法得以貫徹的一種體現，亦是一個重要的應用場景。當你獨自一人面對一台電腦和浩瀚無際的網際網路資訊時，老師起到的作用是微乎其微的，你如何快速汲取到自己需要的知識？怎樣驗證所學知識的有效性？你是否清楚這些知識點的問題所在？如何自律、擬訂計畫和做好時間管理？

傳統思路在這時遇到了不可逾越的壁壘，我們必須對自己來一場學習變革。

好消息是，只要找對了方法，學習就沒有那麼難！

與真實的世界建立有效聯繫

我們還需要清楚地瞭解知識、掌握知識的目的。

認真想一想，你為什麼要掌握一門知識呢？難道只是為了把它解構出來寫進筆記，整理成萬能公式，在考試中得到滿分嗎？那次聚會上，我和小唐聊得非常愉快，看到了更多讓我驚訝之處。小唐對於知識的理解比起同儕明顯高出了好幾個層次。

> 他說：「掌握知識很難，罪魁禍首是人的學習慣性，我們天生以為學習就是去一張紙上畫出未來，好像知識對當下是無用的，對未來才是無價之寶。學習一門知識是為了建設自己的未來。這個設想大錯特錯。」

這句話讓我想起自己的中學和大學時代，那時我和周圍的同學的確都有這種想法，包括老師在內。大家腳下踩著一片雲，喜歡向上看，很少向下看。我們會想：沒人喜歡學習，人性是懶惰的，學習是反人性的事情。為什麼我要如此努力？因為我們要讓自己的未來獲取競爭優勢，增加就業的競爭力。有些心靈雞湯也告訴你：「終有一天，你會感謝現在努力的自己！」所有勵志語言的指向都是未來，好像只要你今天掌握了一門知識，明天你就一定能夠成功。

你的班導會站在講台上諄諄教導：「你們學習是為了我學的嗎？不是！是為了父母學的嗎？也不是，是為你們自己學的！今天少背一個單字，少寫一道習題，以後出社會工作就注定比別人差一個階級！」

你的父母恨鐵不成鋼：「放假放一半了你還在混！看看隔壁的阿明，讀書比你認真，成績比你好，現在還和你嘻嘻哈哈，等大學畢業找到好工作，他就跟你不熟了！你今天不認真學習，以後只能去做苦工了啦！」

久而久之，你的大腦中形成一個固定的模式：學習是要改變將來的命運，是為了出人頭地。潛台詞則是：學習改變不了今天。在這種思維的主導下，學習成了一種沉重的使命。把學習看得越嚴肅，掌握知識就越難。

可事實真的是這樣嗎？
答案是：NO！

真正高品質的學習，一定能夠讓人融入真實的世界。學習最重要的是「真實」，它必須讓人可以與時代同步，理解身邊正在發生的一切，促進我們對知識的運用和創新。換言之，通過學習，我們要與真實的世界建立有效的聯繫。這些年來，我所見過的優秀人才，他們在學習一門知識時從來不會用它擘畫一個虛無的將來，而是專注地將知識與現實場景緊密地結合。

讀懂這句話，對理解費曼技巧會有很大的幫助。

從對知識的學習中獲取競爭優勢固然是必須的——我們永遠不能否認這一點，但是，當你掌握一門知識的目的只是要在某些方面超越別人時——這種想法越強烈，你的起跑線就越遠，學習的難度就越大。只有將學習從功利性的導向中收回來，專注於如何鑽研一門知識，怎樣讓這些知識在今天就可以讓自己變得更好，你才能真正地提高學習能力。

提高學習的能力，比學到一門知識更重要。

遠見、穿透力、智慧

費曼認為，好的學習方法能夠為一個人創造宏大的視野和對世界犀利的理解力。在我看來，費曼學習法為我們提供的是三種與眾不同的能力：

第一：遠見
通過解讀知識傳遞給我們的資訊，判斷未來的趨勢，而不是僅僅記住這些資訊。

第二：穿透力
通過費曼分析技巧，從碎片化的知識中看清事物的本質，快速解決問題，掌握事物的規律。

第三：智慧

通過以簡報、分享的方式濃縮、重演知識，汲取精華，使知識為我所用，和環境互相呼應，形成自己的知識體系。

我經常對自己的孩子說：「我現在讓你學習鋼琴，學習寫作，不是為了讓你記住幾個樂符和寫作技巧，如果僅此而已，你一定覺得很累。我希望你從練琴和寫作的過程中掌握學習的方法，從音樂和文字中收穫不一樣的體驗。比如對樂曲和語言的理解能力，到將來你需要在這方面做出選擇時，你的見識比別人多，會有更多的選擇機會，而不是別無選擇，更不是毫無選擇。」

我推薦學生閱讀費曼的書，瞭解學習其實是一件多麼有趣的事情。前提是他們必須深刻地明白學習是為了讓自己獲得什麼。**學習，究其根本是思考模式的競爭，不是知識儲備與學位的較量。**

年輕人需要變革學習理念，已經功成名就的中年人難道就不需要嗎？

不久前，我與一位多年的老朋友吃飯，談到職業發展這個話題，他憂慮地說，自己從 20 世紀末出社會到現在，一直做技術研發，現在明顯感到體老力竭，身體無法再像年輕人那樣加班，也不能很快地學會日新月異的新技術。他的競爭力在衰

竭，根源其實是學習力在下降。想改變這種局面，就要擁有新的學習思維。

　　大部分人都處在社會金字塔的中下層，無論你是否同意，這是一個殘酷的現實。只有獲取更強大的學習能力，我們才能更好地開發自我，在社會的金字塔結構中爭取一個有利的位置，否則就會滑向社會的底層。這不是由你學到的知識量決定的，而是由你學習、掌握、理解並運用知識的能力決定的。因此，學習不單單和知識有關，還與我們的思維方式息息相關。

何謂「費曼學習法」

理查・費曼對華而不實的東西毫無興趣，這位不拘小節的物理學天才對知識的理解到了一種收放自如的境界。他可以輕鬆地向任何一個人解說最複雜的知識，並且保證對方能夠聽懂。當我第一次接觸到費曼的學習體系時，便立刻意識到這正是年輕人最需要的；我也積極地在課堂和線上教育中推薦給自己的學生。

正如第一章講到的，在越來越快的社會節奏和海量的資訊影響下，掌握一門知識相比過去變得更困難了。和 20 年前比起來，我們的時間不再充足，資訊來源過於豐富，資訊本身也真假難辨。在學習時，很難短時間內吸收、消化太多的資訊。就像做飯一樣，我們需要 10 分鐘內從繁雜的食材中找出自己感興趣的材料，再按食譜做一頓符合口味的佳餚，還要把它吃下去。這太難了，不是嗎？這正是網際網路社會的副產品，它的超快節奏幾乎對所有的事情都提出了考驗。網際網路不但讓知識碎片化，也肢解了我們的思維。

現在，你很早就要去上班，擠捷運，或在蠕動的車流中耗費時光，大城市的捷運擁擠嘈雜得讓你沒半點學習的心情；到了晚上，往往 10 點才能擺脫工作、有了一點空閒可以安靜地

獨處，這時身體又提醒你該休息了。一天下來，讀書的時間很少，精力也嚴重不足。傳統方式又能在這種條件下幫你學到多少有益的知識呢？

即便你爆發小宇宙，從時間手裡搶時間，每天能夠擠出三兩個小時，學習的效果可能也差得讓人不忍卒睹。這就是為什麼費曼學習法正日漸成為全球創新組織和青年菁英的第一選擇，它簡單有效的學習思路可以應對當下及未來我們對各類知識的需求。因為它不但節省時間，還在有限的時間裡提供了最高的學習效能。

迷人的「費曼技巧」

作為著名的諾貝爾獎物理學家，理查‧費曼非常理解**「記住知識」**和**「瞭解知識」**之間的差別。這也是他成功最重要的原因之一。費曼在研究和教學的過程中創造了費曼學習法（也被稱為「費曼技巧」），確保了他比別人對於事物的瞭解更為透徹。

「你要愛上學習，
就要讓學習像講故事一樣簡單。」

——費曼

費曼學習法的內涵就是這麼迷人：它重新定義了學習的本質，學習不再是枯燥的書寫和記憶，而是和講故事一樣簡單！運用費曼的學習技巧，我們只需要花上 20 分鐘就能深入地理解一個「知識點」，形成深刻和難以遺忘的記憶。要知道，知識是區分為兩種類型的，大部分人關注的其實是錯誤的那一類，即只是記住了知識的名稱。比如：一個公式，一個概念，一個原則，一件資料，一種現象，一個事件。把它們記下來並不代表你真的學到了這些知識，哪怕倒背如流，你也只是將它們存儲了下來而已。這種行為配得上一聲鼓勵，但不值得擊節稱讚。

正確的學習是，我們瞭解了這些知識的內核，知道它們是怎麼回事；我們也可以從自己的視角重新解讀它們，並且向外傳播，讓更多的人知道。這兩者絕不能一概而論。

為了實現這個目的，費曼學習法提供了四個關鍵字：**Concept**（概念）；**Teach**（以教代學）；**Review**（評價）；**Simplify**（簡化）。在這個基礎上，本書提煉總結出了五個步驟：確立目標；理解目標；輸出；回顧；簡化。通過這五個步驟，我們能夠充分地將費曼「以教代學」的學習方式開發到最高的效率，吸收有用的知識，創造自己的知識體系。

通俗地說：驗證我們是否真正掌握了一種知識，就看能否用淺顯易懂的語言把它講清楚。無論它多麼複雜，都可以讓一

個從未接觸過這個知識的旁觀者聽明白。

當費曼學習法受到人們的關注和被推廣開來時，受到了廣泛的歡迎。費曼不僅重新定義了學習，也改變了全球數百萬人的學習思維，成為了菁英課堂的必備工具。事實上，不僅是學習，工作也能用得到，而且效果顯著。比如，有數十所世界級大學與跨國企業聯合開展的培訓中運用了費曼學習法，很多創新型公司的 CEO 和高管從中受益。迄今我們能在很多知名人物的演講中看到費曼學習法的影子，他們一邊學習和成長，一邊用輸出的方式將學到的內容普及給受眾，產生了良性的正回饋。

簡單高效的思維模式

為什麼費曼學習法具有這麼大的魔力呢？因為它是對人的思維模式的深度改造。也許你可以不學習，但你無法不思考。它也並不是有些人聲稱的「專家學習法」——具備一定的理論和實踐基礎才能如臂使指，實際上，即使對某些領域一無所知的新人也能借助費曼學習法使自己的知識水準迅速上一個台階。

第一：好的思維需要正向回饋

思維方式的選擇是無論個人還是組織在解決問題時都會遇到的問題。我們都知道，成功的個人和組織總是擅長系統性地

思考，其中一個很重要的概念就是「正向回饋」（也叫「放大回饋」）。它如同一個增長的引擎，是一個驅動系統加速發生變化的過程，可以在思考的過程中實現「正增強」。費曼學習法為我們的思維提供的便是正向回饋，能夠促進知識和能力在學習中的正增強。

比如，我每天運動，跑步，健身，能夠讓我感覺良好。我會向朋友介紹我的運動經驗，然後繼續堅持並總結出更好的健身方法，於是我的感覺更好了——這便是正向回饋。我們向團隊成員分享一個技術資訊、工作經驗，並建立能夠活躍溝通的氛圍；良好的溝通氣氛能夠使員工的思考更加積極，努力學習並踴躍地實踐，再加入討論，共同創造更多高品質的經驗，這也是一個正向回饋的過程。重點是你不要獨自鑽研和學習，要多和外界互動。

第二：輸出加快思考的成熟

美國科學作家羅伯特‧莫頓（Robert K.Merton）在 1968 年提出了著名的「馬太效應」：「**任何個體、群體或地區，一旦在某一個方面（如金錢、名譽、地位等）獲得成功和進步，就會產生一種積累優勢，就會有更多的機會取得更大的成功和進步。**」它表達的內涵是，只要我們在某一個領域獲得了一點優勢，就可以不斷擴大這個優勢，成果也會越來越大。

費曼學習法的作用就是一種馬太效應。在對某個知識的學習和思考中，一次成功的輸出也會同時增強輸入的能力，從而使得下一次簡報或教學的成功可能性更大，取得的成果又會促進再下一次的學習和思考，壯大自己的知識體系和應用能力，加快思考的成熟。

舉個簡單的例子，當你閱讀一本科普著作，怎樣的方式最有利於快速和深刻地理解這本書的內容呢？傳統的方法是重複閱讀，同時檢索資料加深理解。十幾年前，為了讀通英國物理學家史蒂芬·霍金的《時間簡史》，我花費了兩年的時光，對比閱讀了七八種書籍，查證了上千個術語和公式。這當然是一個嚴謹的途徑，效果也不錯，但在今天實在太慢了。你不可能在一本書上投入這麼長的時間。

還有一個辦法就是費曼的思路，為自己準備一份閱讀筆記，抽離它的核心內容，然後一邊通讀、一邊向別人闡述這本書的主要觀點。這些觀點分別歸納為不同的問題，每個問題都有一個「霍金式答案」——還有你的個人理解。你要講給別人聽，在輸出的過程中，你想學到的東西也在向大腦輸入；這是一個爆炸式的、積極的化學反應，你會發現時間被大大縮短，過去通讀五遍才能理解的內容，用這個方法只用兩遍，即整理、輸出和複述、簡化。在加快記憶的同時，學習的品質也得到了提升。

第三：費曼學習法讓思考可以量化

我們對任何問題的量化思考都體現在六個方面，每個方面都能用到費曼技巧。

▲方向：鎖定思考的主要方向

將思考量化的第一步，是列出所有備用的方向，進行對比選擇，鎖定一個主要的方向。「方向」既是你應該重點解決的問題和環節，也可能是最有利於思考的突破口。軍隊攻擊敵方陣地、技術人員開發產品、丈夫取悅妻子、父母教育孩子，都需要從備選中找出一個主攻方向。

▲歸納：確立思考的主要邏輯

學生求解方程式，要確立演算法；評判歷史事件，要樹立歷史觀和立足點；我們思考問題，要有一個基本的立場、觀點和邏輯；閱讀和學習，哪怕是先入為主，也要有自己的分析方式。邏輯也可以量化，確立了自己的邏輯，就可以有目的地收集、整理和歸納資訊，不用「走一步看一步」。

▲驗證：驗證思考的效果

在費曼技巧中，我們通過「輸出」來驗證自己學到的知識，也就是以教代學。我們也可以用它來幫助思考，把自己對於某個問題的見解（觀點）和分析（為什麼）闡述給別人，告訴對方自己的思路，可以起到很好的驗證的作用。

▲回饋：回饋正確和錯誤

我們用簡報的方式驗證自己的觀點、論據和邏輯，從聽眾那裡收取回饋，看他是否能理解和接受，並聽一聽對方的想法。在這個環節中，我們接收到兩種資訊；第一種是「正確」——對方的肯定；第二種是「錯誤」——對方的否定。根據這兩種回饋，我們可以調整之前的思考，強化正確的內容，修正或刪除錯誤的地方。

▲簡化：把複雜的思考過程簡單化

這個環節就像製作一張縮圖或者一份簡報：提煉出思考的要點，能一目了然地看清思考的目標、邏輯與結果，並能夠三言兩語總結出來，使這個過程變得易於理解，就像費曼技巧的簡化環節。比如，在僅有 5 分鐘的會議中向客戶講清楚「為何需要設計一座雙孔橋樑」或「該專案最佳的財務方案」。這就是把複雜的思考過程簡單化，目的是讓別人很快便能聽懂。

▲吸收：消化思考的成果

優秀的思考者總是有自己的思維體系，在最後一步，要將思考的成果消化吸收，轉化為可以應用的內容——解決工作上的問題、處理學習中的難題、調和家庭或人際關係等，這些都是思考的結果。更重要的是，在思考的過程中逐漸形成自己簡單高效的模式。越有力量的智慧實踐起來就越簡單！

費曼學習五部曲

費曼學習法共分為五個步驟，本書從第二部分開始，將詳細地介紹每一個步驟的原則和具體的應用技巧。無論學習還是工作，甚至其他事項的思考，這些簡單易行的步驟都能為我們創造十分可觀的效果。

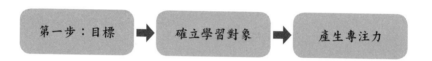

選擇自己想要掌握的知識和技能，並且要真正地理解學習它的必要性，在這個前提下產生專注力。專注是一切成功學習的基礎。

對我們要學習的知識、概念等進行歸類、解構和對比，系統地理解這些內容，去蕪存菁，將我們需要的知識篩選出來，選擇合適的方式進行學習。

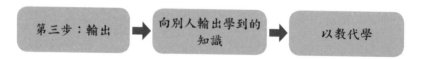

在一個需要向別人傳授的場景中「以教代學」，向那些不熟悉該知識的人闡述你的見解，向他們解釋這些知識，用他們能理解的方式及最簡單的語言做到這一點。

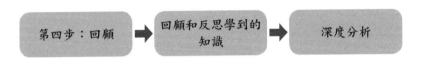

通過回顧和反思，從教學的過程中發現自己不能理解的地方，或者無法簡單解釋之處，記錄下來，回到第二步，查看資料來源，彌補薄弱的知識點，或者修正錯誤的、不符合實際的知識點，直到可以進行再一次的講述。

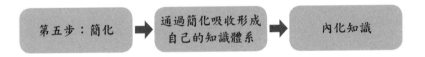

重複上面的步驟，不斷地簡化和吸收，直到這些知識內化為你的知識體系，能夠為我所用。內化是一切學習的終極目的。如果不能將知識成功地轉化為自己需要的東西，學習的品質就會大打折扣。

Step • **2**

確立一個
學習對象

關鍵字

目標

選擇想要掌握的知識和技能只是第一步,我們還要找到
學習它的必要性和重要意義,並強化這種內在的聯繫。

Chapter 03　我們為什麼學習

　　我發現，離開學校後，督促孩子學習成了一件對所有的家長都非常困難的事情。有的家長告訴我，自己的孩子不但作業做不好，線上教學也沒有效果，自主學習能力很差。還有的家長說，孩子在家庭的生活氛圍中找不到學習的感覺，父母亦不清楚該教他怎麼去學。時間久了，學習變成了一件拖沓而枯燥的任務，他們非常焦慮。

　　主動學習比以往任何時候都更加重要，正如費曼所說，我們需要理解學習的意義，並且在這種意義中加強對於學習對象的認知，構建一種內在聯繫。他說：「要對學習做簡單化的理解，就像參加一場好玩的互動遊戲一樣，別想得太複雜，因為知識本身就沒那麼複雜。」和第一章不同的是，我們在本章將著重闡述費曼學習法的第一個步驟——當你希望掌握一門知識和技能時，怎樣正確地樹立目標？當鎖定目標以後，又如何發現學習它的必要性和它為我們帶來的重要意義？

　　現實中，人們大部分場景下的學習都處於一種「無意識」的狀態。它表現為兩種典型的特徵：

1. 老師／父母要我學什麼，我就學什麼（服從式學習）
2. 就業／培訓需要學什麼，我就學什麼（工具式學習）

在無意識的學習狀態中，你會感覺到自己不停地學習新知識。你從不浪費時間，也極少敷衍應付，但對知識卻淺嘗輒止、難以深入，甚至記不住大致上的概念。你只收穫了對知識粗淺的印象，或者僅局限於實用性、考試會考的部分。在這種狀態中，你一直在輸入知識，但很難深度地理解知識。

不久前我問一位學生：「最近你終於有時間讀自己想讀的書了，開心嗎？」

沒想到他回答：「一點也不！」

「為什麼？」

他說：「在學校時有老師和同學，每天討論，寫清單，列目標，感覺我有很多想學的東西。但一個人有大把的時光，能夠自由選擇時，我反而不知道該讀什麼了。」

以輸入知識為主的被動學習經常會面臨這種窘境——你習慣了有人替你制定目標、引導和監督你執行一份並不愉快的學

習計畫；你反感這樣的環境，希望以自己喜歡的方式學習。然而這種力量一旦失去後，你發現自己早已經對這種低效的學習方式產生了依賴。

當我們開始嘗試運用費曼技巧改變過去的學習思維時，從費曼技巧的第一步開始，我們就能收穫與眾不同的體驗。學習不單是被動服從和功利主義的「輸入」，而是我們自覺甚至是開心地實施有意識的主動學習，也就是以「教學」為媒介的「選擇性的輸入」。它的前提是我們為自己重新確立了學習的意義。

知道為了什麼而學習

有位學生問我：「我可能一輩子也用不上幾個高深的數學知識，學習還有什麼用呢，豈不是浪費光陰？我拿這些時間做點別的不好嗎，比如瞭解我最喜歡的天文物理？因為我的志向是加入天文台的『巡天調查』。」

我反問：「那你怎樣理解數學？」

「理解數學？」他並未仔細想過這個問題。在他的學習系統中，學習的邏輯是「為了學習而學習」，講得再明白一點，是「為了就業而學習」，像他渴望參加的「巡天計畫」就是他就業的目標。

然而，他感到困惑的其實是兩個截然相反的問題。「數學有什麼用」和「學數學有什麼用」是不一樣的，他困在後面的迷思裡，就像大部分年輕人目前的心態。他們的學習態度無比端正，志向遠大，卻從根本上認為學習只是一個達到目的的手段，而不是將學習本身當作一件非常有趣的事情。對於為什麼要學習，他們的瞭解僅此而已。

「孤陋寡聞是很危險的。有的年輕人才學了一點點皮毛，卻自以為知道了一切。但不久他就會拋棄這種一知半解的謬論，重新認識到世界其實複雜得多。」

——費曼

下面我們來看一看學習某個知識的「有用」是指什麼？是指對學數學的人而言「有用」嗎？如果是，那具體的作用是什麼？是指數學可以讓你賺更多的錢，還是解決各類與數學有關的疑難問題，或者是可以讓你更聰明並因此獲得快樂？

繼續延伸下去，還有其他許許多多的作用。學習數學是指對別的學科有幫助嗎？如果是，具體是哪些學科？是對社會有價值嗎？如果是，能否總結出這些價值？比如，學習數學能夠促進社會的發展，優化社會資源的配置，改變社會的觀念，等等。

認真回答這個問題，到一定的階段必然出現一個終極答案：**學好一門知識的前提是必須充分地理解這門知識，包括它尚待開發的價值**。顯然，在我和學生簡短的對話中，我們沒有時間討論這麼多，但在閱讀本書時，讀者可以沿著這條思考脈絡對自己要學習的目標進行「問答測試」；這麼做的好處是顯而易見的，它能幫助你迅速地發現一個清晰的學習目標，這對理解後面的內容大有裨益。

追求四個方面的進步

　　目標明確的學習可以極大地改變一個人的思維，對於訓練和改進我們的思維方式而言，這是一個必不可少的基礎。它主要體現在四個方面：

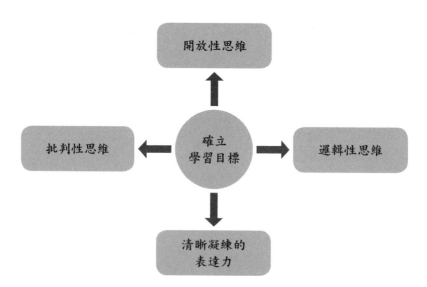

第一：開放性思維

充分地瞭解一門知識，首先提升的是思維的開放性，能夠接受新的觀點、拓展新的視野，使自己跟上時代的發展。

第二：批判性思維

作為主動和獨立的學習技巧，運用費曼學習法可以很快瞭解自己所學知識的程度，並且以科學的懷疑精神尋找反證，養成批判性思考的好習慣。

第三：邏輯性思維

目標專注的學習能加強你的邏輯思考，這需要你長久地聚焦和專注於一個主要的問題並且反覆思考。

第四：清晰凝練的表達力

以教代學的輸出方式考驗你的語言組織和表達能力，在輸出的過程中可以對所學的知識做多次的提煉濃縮，簡化成通俗易懂的版本。

費曼學習法對於我們理解學習的意義和考察對於目標的專注程度，是一個真正有效而節省成本的好方法。在思維的開放性、批判性、邏輯性以及更為清晰地表達觀點這些方面，都有正面的成效。就這四項能力的提升而言，費曼學習法短時間內也能帶給我們的巨大的進步，並不需要等待太長的時間。

聚焦目標

Chapter 04

我曾經對學生這樣闡述「目標」這個詞:「目標不是一個符號,也不是一個擺在那裡的台階,只要走過去、爬上去就好了。目標其實是一個動態變化的指引,它是隨著人的思想、年齡的增長而變化的。今天的目標,到了明天未必還是你的目標。今天你的目標是把這本書學好,明天還是嗎?也許就變成了另一本書。」

之所以告訴學生人的目標是動態的,是希望他們不要妄想長期對同一個目標保持專注。這不現實,儘管總有少數人能憑藉堅韌的意志力做到這一點。但大部分的人是「普通人」,每天的原始資本都是 24 小時,一種興趣往往持續不了一兩年;最務實的做法是——**在這一兩年的黃金時間內聚焦在一個正確的目標上,盡可能取得不凡的成果。**

理查・費曼也不鼓勵以天才為榜樣,因為學習時不應該以過度地消磨意志力為榮,學習應該是輕鬆的,輕鬆到幾個易於理解的步驟便能收穫非常大的成效。事實上,許多菁英人士就是這麼做的;他們不是天才,卻是學習的高手,在有限的時間內學到了比其他人更多的知識並應用到了實際的生活和工作中,得到了遠遠高過大多數人的收益。

這個答案就是：

他們善於抓住學習的黃金時間，將全部的精力聚焦於選定的目標之上，心無旁鶩地通曉、精通這門知識／技能，並化為己用。

這意味著當學習一門知識的黃金時刻開始時，你要擺脫和放棄那些「可以做」但並非「必須做」的事情，將有限的時間集中到當下這件「應該做」的事情上，也就是掌握這門知識。事情有輕重緩急，最重要的事情就是我們已經制定的這個明確的目標，其他一切都不重要。明白了這一點，你就能在目標和行動之間建立緊密的聯繫。接下來，你是否成功便取決於目標是否正確，注意力是否做到了足夠集中。

這麼做對學習有兩個明顯的好處：

第一：讓你的思路更加清晰

你可以對這個目標看到更多的可能性，對自己要學習的東西有更深的理解，並形成具體的思路。

第二：讓你的行動更有目的性

對目標的專注力越強，你的行動就越有目的性，不論學習的是一些概念還是工作的技能，效率都會大大增強。

比如，每當我非常想讀一本書時，就會立刻安排時間，絕不會「有空再說」。因為我知道，也許再過一兩個星期我對這本書的興趣可能就不大了，那時硬逼自己拿起來讀的收穫一定遠不如現在。所以我讀書有一個習慣，只要感覺來了，拿到手裡就不會放下。

我會以很快的速度通讀一遍，尋找我感興趣的內容──鎖定那些自己有興趣或需要瞭解的部分，集中精力去閱讀它們。假如時間實在不夠，我也會把這些知識標注下來，制訂一個閱讀計畫，才把書放到一邊。等定好的時間一到，再以準備充分的狀態迎接這場「戰鬥」，不達目的誓不罷休，一定要精通才行。

在現實的生活中，人們普遍想得很多、計畫很多，對學習、生活和工作劃分得過於細緻，貪多嚼不爛。結果是，投入大量的時間忙東忙西，既無效果，對身體健康也不好。學習難道不是如此嗎？實際上，**任何事成功的關鍵都不在於你想做好幾件事，而在於你能否做好幾件事。**

如何找到正確的方向？

我有位朋友的孩子想在放假時補習一門歷史知識，中國先秦史、明清史、隋唐史、古羅馬史……選項很多，他不知道要選什麼。一部分原因是，這次學習完全由他自己主導，他的父親絕不干預。讓他自己建立一個學習方向，他反而有些綁手綁腳。

不久前參加一次線上課程的研討會時，我聽到不少與會者在討論這種現象。老師明確指定的作業，學生大多完成得很不錯，能按部就班地執行一個既定的學習計畫。但對於老師若建議他們自主學習一門其他的知識，一些人便往往會感到茫然。學習需要一個正確的方向，問題是，當由你自己選擇這個方向時，你怎樣判斷自己適合學習「隋唐史」還是「古羅馬史」？

第一：對自己提出一些關鍵問題

這個世界所有的答案都源於問題，任何一個答案的品質都取決於問題的品質。也就是說我們要學會提問，不僅對別人提問，也要對自己提出高品質的問題，然後做出解答。好比一個對話遊戲，一方是「自我」（ego），另一方是「自性」（self），在對話中讓他們達成共識。你的問題問錯了，答案再好也無用；假如你對自己提出的問題恰逢其時，正中「自性」的下懷，契合自己真實的需求，答案必將產生積極的化學效應，甚至改變你的一生。

正如我向學生建議的那樣，要不斷地對自己提出問題，尤其是某些「關鍵問題」。在學習層面，最關鍵的一個問題就是：**「對我而言最重要的事是什麼？」** 在這個假期，學習哪一門歷史對我最重要／最有意義／我最喜歡？有時候我們用直覺就能回答類似的問題，有時候則需要經過嚴謹的論證和思考。

在設定目標時，你可以沿著兩條脈絡提出問題：

未來的方向
- 未來我在歷史方面的興趣，是中國史還是外國史？
- 我的朋友中精通中國史的人，他們是哪個方向？
- 除了隋唐史，我沒有其他方向嗎？
- 研究隋唐史，能在其他領域幫助到我嗎，比如開設收費專欄？

當下的焦點
- 為了研究隋唐史，我要解決的主要問題是什麼？
- 我需要設置分階段目標嗎？
- 在歷史方面，我有哪些知識的不足？
- 歷史記載有真有假，我該怎麼收集真實資訊？

未來的方向說明你樹立一個宏觀的目標，當下的焦點則能指引你制訂正確的行動和學習計畫。只用八個問題，你就能在紛雜的選項中找到對的那一個。這也是費曼在他的教學過程中

提倡的一種思考方式。思考應該是立體的，我們不但要思考自己的終極目標，還要思考為了實現這個目標當下需要做什麼、怎麼做。因為知識也是立體的，它並非單向的符號，而是具有其深度廣度，不同的階段，你要做的事情總有區別。

第二：把「最重要的那件事」變成自己的方向

當方向確立以後，學習正式邁出第一步。

每天早上你一定要問一問自己：「今天，對我最重要的那件事是什麼？」今天是瞭解一個大綱，還是去圖書館查冷僻的資料？今天是整理事件年表，還是串聯人物時間？這是學習歷史的必經步驟。一旦敲定了這個問題的答案，學習的效率就會大大提高。

每天最重要的事情就是確認你在學習中的方向，要相信自己可以做好當下的這一步，因為每走好一步，人生就能因此而改變。如果沒有這個信心，你也不可能採取行動。甚至你連圖書館在哪兒都不會查證。

其次是一些細節的建議，你可以利用身邊的工具：手機桌面、日曆、筆記本、壁貼等，把每一天的目標寫在顯眼之處。這既是提醒，也是鼓勵，用視覺化的方式不斷地督促自己聚焦於目標，將這件重要的事情做好。

如何找到真正的興趣？

興趣和目標其實略有不同。在費曼看來，興趣是一切高品質學習的驅動力。著名心理學家和教育學家本傑明·布盧姆（B.S.BLOOM）也表達過類似的觀點，他說：「學習的最大動力，是對學習內容的興趣。」

聯繫興趣和目標的是一座「人為橋梁」，它並非天然存在，我們要注意將自己原有的知識體系與現在或一貫的愛好嫁接起來，以便從中找到真正的興趣。有的人一聽到「歷史」這個詞就備感頭痛，在學校對於歷史課程向來冷淡置之，僅限於應付考試。他可能是歷史考試的高手、「記憶大師」，但讓他自己熟讀一本歷史書時，他馬上覺得世界末日到了。假如你看到隋唐史的書籍時也有這種感覺，顯然這就不是你的興趣，學習歷史對你可能沒有益處，這是應該放棄的目標。

相反，如果你從小就喜歡聽歷史故事，比如對《三國演義》《隋唐演義》耳熟能詳，別人不知道的歷史人物你都能信手拈來、如數家珍，老師和父母又支持你多學一些歷史知識，並提供有關的書籍。你具備這個條件、也具有強烈的動機，學歷史讓你感到愉悅，而且你有向別人講解歷史的衝動和語言天賦。那麼，這不但是你的興趣，還是你的特長。物理、天文、數學、科技等知識也與此類似。學習是有血有肉的過程，它根

植於我們的心理活動。只有真心地喜歡學習一門知識，你才能把費曼學習法後面的步驟進行下去，並完成得很好。

　　為了定位真正的興趣，不妨多給自己一些寬鬆自由的思考空間，深入分析那些自己喜歡的領域，查閱相關的資料，然後進行初步的嘗試，從中找到自己學習的對象。

> 有許多途徑可以評估自己的目標是否有價值，
> 最好的方法就是分析它是否符合已有的知識體系。

> 假如能做卻不去做一定令自己終生遺憾，它就是你的目標。
> 學習、工作和生活都是如此。

> 當你清楚自己的目標是什麼，
> 就要把它當作自己每天都要去做的「最重要的事」。

Chapter 05 規畫：和目標建立強而有力的關係

　　在做傳統規畫時，我們習慣了先把目標放到一邊，拘泥於研究計畫的細節；或者先忽視具體的可行性，一味高談振奮人心卻不切實際的遠景。這兩種情況往往只有一線之隔，卻就是難以貫通。有時候你會發現，我們把目標訂立得尊爵不凡、讓人熱血沸騰，具體的規畫卻一塌糊塗，看起來莫名其妙，和目標八竿子打不著。有時候你剛開始規畫得不錯，走到最後卻發現走偏了，實現的是另一個完全不同的目標。

　　結合自己的生活想一想，是不是似曾相識呢？

> 「學習計畫就是針對學習對象設立一條行動的路線，規定自己在什麼時候採取什麼方法。」
>
> ——費曼

　　我們制定了一個學習的目標，接下來就要恰當地安排學習的計畫：**怎麼學、分幾個階段、如何依序進行、怎樣按時達到目的？**這當然很重要，但正如前面提到的，你需要避免在學習的過程中迷失目標，走到最後才發出「這不是我想要的」之類的感慨。時間不能倒流，知識不是食物，學進腦子裡的東西肯

定也吐不出來。所以，為了不辜負光陰，提高學習的效率，我總是建議人們在制訂規畫時先對自己的計畫和目標做一次全面的分析，在費曼學習法的第一步和第二步之間插入一個必要環節：挖掘出你和目標之間強而有力的關係。

第一：論證學習這門知識／做這件事的必要性

深入論證目標的合理性：「我真的需要它嗎？」「為它投入時間和金錢是否值得？」「我是否還要再想一想？」

第二：確認規畫與目標的實質聯繫

仔細確認規畫的可行性：「我的學習計畫與目標的配合度是多少？」「對我而言這個計畫是否可行？」「有沒有更省時高效的方法？」

這個環節的意義在於，保證我們的目標到最後不會是一座空中樓閣。有太多這樣的事發生：我們努力了很多年才發現自己堅持的是一個無法實現的理想；我們執行了很久的計畫到終點才發現這是一條註定失敗的道路。那種無力感會是沉重的打擊，有些人因此多年一蹶不振。我相信讀者在自己的生活、學習和工作中都有過類似的體驗。

從行動的一開始，便在規畫和目標之間建立一個牢固的聯結、打通它們的血脈。通俗地說，就是在你的學習過程中要在計畫和終點間產生互動和回饋，隨時確保自己的付出是正確

的。這樣才能管理、控制自己的學習，從中收穫正向的回饋。

有沒有可能，你的目標其實是錯誤的？

「你為什麼要學習理財致富？」我問小周，「這是投機之術，你這麼年輕，又有內涵，真是一個不明智的選擇。」

小周今年 27 歲，剛經歷一場失敗的婚姻。據他說，3 年的離婚和爭奪撫養權的大戰使他明白了一個殘酷的道理：「有內涵算什麼呢？沒錢寸步難行，連老婆也瞧不起你。」因為經濟狀況不好，他在法庭上輸掉了孩子的撫養權。

痛定思痛，他做出的選擇是轉換跑道，學習理財，比如炒股、期貨、外匯等，希望用投資的手段成為有錢人，向別人證明自己不比他們差。市場上到處都是理財類的書籍和五花八門的投資知識，說明這是可以學習的。而凡是可以學習的東西，就有成功的可能性。至少他是這麼認為的，沒有意識到由於自己的動機存在問題，這個目標在當下的階段其實是錯誤的——功利主義者在投資市場上從來都是別人槍口下的獵物。

小周買了許多理財書，埋頭苦讀，在理論方面很快小有積累。一邊學習，他一邊開始了實戰，將東拼西湊才借來的人民幣 10 萬本金投進了股市。第一個月，他的運氣不錯，趕上了一波好行情，大賺 30%。小周不認為是運氣，他覺得是自

己的學習能力強。第二個月，市場就給他上了一課，一波壞行情，他的資金回撤高達 50%，不僅賺來的錢又跑掉了，還虧掉了 20%。這時，小周覺得是自己讀的書有問題，他四處尋找答案，渴望明燈。

無論工作、生活還是學習，偏執是一件非常麻煩的事情。有句話說：「對人最危險的東西，莫過於真誠的無知和善良的愚蠢。」**聰明的學習者善於反問和反省，愚蠢的學習者則喜歡自我感動，將一個錯誤的目標偏執地堅持到底。**而一個錯誤的目標，會讓你之前正確的積累瞬間付諸東流。

在費曼學習法中，確立目標是取得成功很關鍵的一環。有了正確的目標，學習、努力便有了清晰的方向，每天的所學、所做也便有了衡量和評估的尺度——也就是可以從每一個小進步中體驗到的成就感。但是，如何才能確保我們的目標是正確、而不是錯誤的呢？著名的「SMART 原則」提供了一個簡單明瞭的判斷標準。即：

S：（Specific）明確和具體的。
　　——目標必須清晰和可以形容。
M：（Measurable）可以衡量／量化的。
　　——目標必須量化和能夠評估。
A：（Achievable）自身能力可以達到的。
　　——目標必須在能力範圍內。

R：（Rewarding）能產生滿足感／成就感的。

　　——目標必須有積極的意義。

T：（Time-bound）有時間限制的。

　　——目標必須有實現的期限。

　　用這個標準衡量小周的目標可以看到，他想通過學習理財知識來致富的目標十分清晰，S符合；理財致富能改善他的生活，改變他的社會地位，R也符合；然而，理財致富的量化標準是什麼，如何評估最後的成果？賺一百萬還是一千萬？M不符合；從實戰的表現看，小周的心性、能力根本無法讓他在股市中賺錢發財，A不符合；何時才能實現理財致富的目標？恐怕巴菲特也不可能替他給出一個時間期限，T也不符合。我們把小周的理想放到SMART原則中一經分析就發現，他選擇了一個錯誤的學習對象。

　　再比如，生活中很多人立志學習一門外語，可是付出很多精力效果仍不理想。這時他就要反思一下自己的目標是否合理：「我真的適合學習這門外語嗎？」他制定的目標應該是具體和明確的，而不是含糊不清地想學好法語或英語。「學好」的量化標準是什麼？達到多少詞彙量，表達和聽力怎樣才算合格？制訂外語學習計畫時有沒有規範學習的進度、形式、期限？這些都需要落實到細節，每一個環節都具有可行性，才是一個正確的目標。我們才能在計畫和目標間建立強而有力的關係。

有沒有更好的方向？

我問小周：「假如不理財不炒股，你就找不到別的致富之道嗎？」致富是他想要的一個結果，但除了投資理財就沒有更好的方式嗎？我幫小周做了一次分析，他大學時學的是工商管理，畢業後在一家企業做過兩年的中階主管，積累了一定的管理經驗。如果說理財經驗是 1，他的企業管理經驗就是 100。只不過他後來選擇改行，又進入了一家業績很差的公司，近幾年的事業才庸碌無為，沒賺到什麼錢。他平時對財務也很感興趣，自學過很多書，可以說既有管理經驗，又有財務基礎。

「你的學習對象就在這裡面，」我說，「但你必須先拋棄快速致富的功利心，正確的目標不會太快給你回報，凡是號稱能讓你一夜暴富的知識全部是假知識，目標也是假目標。把幾年前丟掉的知識撿起來，看看還能不能派上用場？」

這是小周的新目標，也是正確的方向：企業管理。學習和企業管理有關的知識，提高自己的管理技能和財務方面的能力，然後去找一份收入更高的新工作。如果總是撞上現實的牆，我們就要反思自己的目標是否正確。「活到老，學到老。」這句話不是教人無視學習的挫折，而是讓你在自己的舒適區學習。

學習的舒適區有兩個標準：

第一，正確而適合自己的學習方向，符合自身的興趣。
第二，在自己能力範圍內的合理目標，符合自身的能力。

規畫一條高效能學習之路

做學習規畫時，我們要先為三件事預留出足夠的時間。

留出鎖定最重要目標的時間

最高效的人總能鎖定自己最重要的目標，把主要的精力聚焦到這個目標上。

留出做正確規畫的時間

在興趣、目標和規畫之間找到內在的聯繫，建立一座堅固的橋梁，才能制訂正確的學習計畫。不要還沒做好準備就匆匆地開始學習。

留出調整目標和規畫的時間

在計畫和行動的過程中根據回饋隨時修正目標，改善或改變學習的計畫，保證自己始終處在一條正確的軌道上。

通過這一章的內容，你將能夠真正理解學習的意義——學習不是為了讓大腦記住哪一門知識，而是將這些知識 100% 地轉化為生活和工作中的應用價值；高效能的學習也不是定好目標便勇敢無畏和一往無前地學下去、只要將計畫填充所有的時間那麼簡單，而是要合理地安排時間，先樹立一個清晰的大目標，再將其分解成三到五個階段的小目標。這些小目標每一個都能落實，在學習時它們切實可行，能一步一個腳印，逐步達成目標，完成計畫。始終在你的能力範圍內走好每一步，讓自己不再因為盲目的忙碌而壓力重重，這樣的學習之路才是高效能的。

在我們和既定的學習對象之間，最重要的也不是怎樣掌握它大部分的內容與重點。你背誦了多少英語單字、記住了多少歷史事件，都不是最關鍵的，而是一個更深遠的目的，那就是**——學習不只是為了記住什麼，而是我們通過學習建立自己行之有效的思維框架，並將知識運用到實踐中，解決生活和工作中的實際問題。**

假如有這麼一條道路擺在眼前，才是我們應該選擇的學習方式。因此，我們必須要有清晰的目標，有一個高效能的學習計畫，帶著強烈的興趣去思考，才能不再對學習感到晦澀和艱難，從一條小徑慢慢摸索和打磨成平坦的大路，最後在學習中通暢無阻，從知識中獲得我們想要和需要的東西。

費曼技巧：目標原則

在 SMART 原則的基礎上，費曼對制定學習的目標提出了更高的要求。尤其目標本身，它需要符合五個原則，才是一個值得投入精力為之努力的目標。假使你只是為了學習使用一個陌生 App 的技巧，我相信你不需要閱讀本章。但如果想制定一個對未來可能產生重大影響的學習目標，這五個原則是你有必要充分瞭解並貫徹於學習過程中的。

目標的全面性原則

制定目標時要有領域和整體觀念。比如，學習一門知識是從事某個行業所必需的，不是為了學而學。這就是領域和整體觀念。制定的目標要能符合你的閱歷、經驗和過去的知識積累，體現你一段時期內的任務。

目標的重點性原則

制定的目標要有側重點。就算只是一本書，內容也是千頭萬緒，有很多主題，你不可能面面俱到，總要側重於學習某一個方面。因此必須明確學習的重心，擬定一個重點目標，將有限的精力用於最關鍵的知識點上。

制定的目標也要有針對性。針對自己的某一項不足，通過學習可以切中要害，解決這方面的問題。比如，學習英語時加強自己的口語表達能力、學習健身時刻意強化自己的腰腹力量等。

目標的挑戰性原則

制定的目標要具有挑戰性。具有挑戰性的目標才能激發我們的求知欲，增強我們學習的動力。簡單地說，目標要有一定的難度，才能透過學習大幅度地提升自己。

制定的目標要能挖掘和激發自己的潛能。學習要堅持高標準嚴格要求，傾盡全力才能掌握和理解一門知識，達到我們的目標，將潛能激發出來，而不是簡單的背誦或閱讀就可以輕鬆地實現目標。最好能在學習的過程中訓練自己的創新能力，讓自己對知識、對世界的理解再上一個台階。

制定的目標不能在學習過程中人為調低難度。假如遇到一點困難就垂頭喪氣，主動調低難度，那就失去了學習的意義。不要讓你的目標唾手可得，不要對挫折輕易地妥協，這不僅使你享受不到學習的成就感，也影響你在其他方面的努力，會讓你養成一個淺嘗輒止的壞習慣。

目標的可行性原則

　　制定的目標要切實可行。目標既要有挑戰性，也不能超出我們能力的範圍，可行性原則與挑戰性原則互補而共存。比如，你學的是歷史專業，就不可能要求自己兩個月內學會天文物理和宇宙常數的計算方法；你是金融領域的從業者，也很難短時間內學通企業管理。

　　制定的目標必須符合可行性。也就是經過一定的努力就能夠實現，而不是傾盡全力也只能學一點皮毛。一個具備可行性的目標，可以讓我們既充滿信心，又不會掉以輕心，才能激發自己的潛能，努力去實現它。

目標的可調整原則

　　制定的目標要具有一定的可調整性。可調整性就是隨著環境和內外條件的變化，我們能對學習的目標進行必要的調整，適應變化。比如當你在學習英語時發現未來就業的市場正在變小，可以隨時變換自己的戰略，不再為了就業學習英語，而是讓它成為自己一種重要的技能。

　　制定的目標要在實施過程中留有餘地。意即準備好多種學習方案和備用計畫。當環境發生變化時就能拿出備用計畫，使自己始終處於主動的地位，不至於被環境牽著鼻子走。

理解我們要
學習的知識

關鍵字 系統化

對我們要學習的知識和概念進行歸類對比，系統化地對
這些內容進行理解，建立篩選和學習的原則。

Chapter 07　歸類和對比知識的來源

　　在《發現的樂趣》一書中，費曼接受採訪談到學習時認為，如果一個人沒有意願也無法徹底地、深入地理解自己的學習對象，不知道自己究竟在學習什麼，對於知識的印象十分模糊空洞，在學習上付出再多的努力也不可能有好的收穫。

　　換言之，學習思維的轉換能為我們帶來不同的學習效果，首要原則是確立一個目標後願意並有能力理解它，將知識打散，然後進行聰明而簡潔的解構，從中找到自己的方向，建立自己的邏輯。

　　換句話說，假如你不能將知識系統化，再用一個自己能理解的框架把知識組合起來，就說明你理解得還不夠透徹，學習的效果恐怕也是值得懷疑的。

　　毫無疑問，正確的學習思維和方法確實很神奇。費曼學習法首先講的是「學習的方法論」，其次才是教你學習的具體技能。在學習這條道理上，你可以沒自信，甚至什麼都不知道，但不能缺少一顆踏踏實實的心。必須從最簡單和必要的步驟做起，細微地觀察和理解知識，到該收穫的時候才能得到回報。

將知識有邏輯地系統化

現實中不乏記憶力超強的人，但能夠在熟練記憶的同時將知識以一種合理的邏輯系統化的人卻少之又少。邏輯就是你理解知識的出發點、角度、立場和思考方式；系統化則是你是否可以將這些知識納入一個宏觀的知識體系，互相印證和科學比對，對既有的知識體系形成補充。

- 若出發點是為了應付考試，你的學習是純功利性的輸入
- 如果接觸一類知識的目的是為了強化某種固有立場，你的學習是有傾向性的輸入
- 如果是鑽牛角尖和排他的思維方式，你的學習是偏執性的輸入

以上三個問題會使你在理解一門知識時缺乏合理的邏輯，就像系統出現了 BUG、混亂和無序；對待知識的不同來源，也不具備足夠敏銳的分辨力。

比如學習一門醫學知識，單純以應付考試為目的，你不會在乎知識的對錯——過時的醫學理論和臨床資料。如果對你的學習沒有影響，你就只關心它在考卷上的標準答案，然後機械和精準地記住它；為了強化自己的固有立場，你就會有意忽視那些對你的立場不利的資訊，有選擇地瞭解、掌握對自己有利

的內容；思維方式是鑽牛角尖和排他性的，你就會利用自己有限的知識構建一個封閉的邏輯，進行循環論證，忽視其他相反的觀點。這不僅使你無法真正理解自己的學習對象，反而學得越多，觀點就越偏狹，背離了學習的初衷。

有一個成語叫作坐井觀天。坐在井裡，你可以很自信，認為頭頂的天空是全部的世界。沒關係，人有固執和偏激的權利。但到最後，許多看似努力的學習最終產出的卻是坐井觀天的結果，這是很可惜的，因為並非是學習者所希望達到的目的。

有邏輯地系統化，意味著我們在理解知識的第一階段要做對三件事：

第一：明白自己學習是為了什麼

沒有目的的學習是可憐的，但目的錯誤的學習卻是可悲的。正確的目的不為功利、沒有傾向性和非偏執性的，要有一個單純的願景——「我就是想掌握這些知識，瞭解它們，然後產生自己的理解，學習時並不想怎麼用這些知識為自己創造利益」。雖然後者非常重要，但我從不建議讀者在學習時對其傾注太多精力。儘管學到的知識總要為己所用，但太功利的態度和過於明顯的偏執很可能讓學習事倍功半。

第二：擁有一個足夠寬闊的視野

一個很有趣的事實是，隨著年齡的增長，我們的學習視

野往往在變小。例如成人「問問題」的能力有時遠不如小孩。看到一本書，小孩會問：「作者為什麼寫這本書？作者想告訴我們什麼？這本書為什麼定價 500 元？封面有什麼特殊意義？他是怎麼總結出這些知識的？」大人呢？可能僅有寥寥幾句：「這本書我讀了有什麼用？還有比它便宜一點的書嗎？」聽起來老氣橫秋，沒有活力。這體現了一個人視野的局限性，它受到閱歷、生活工作的實際需要和世界觀的多重影響。所以我經常講：**人要儘量保持童真，因為童真的心態能擴大你的視野，讓你願意並且能夠在這個世界中看到更多的「可能性」。**

第三：建立最可能客觀科學的邏輯

　　一個客觀科學的邏輯能說明我們成功地將知識系統化，並且保證這種系統化是有益的，可以把知識依序安放到位，賦予它們應有的價值。

　　有一名學生曾就這個話題和我討論，他不太清楚如何簡單明瞭地理解「系統化」。我問他：「假如你要建造一棟房子，要做的第一件事是什麼？」他說：「挖地基，運材料？」我說：「不，是畫一張圖紙。」他恍然大悟。系統化就是為我們準備一張學習的圖紙，把材料安放到它該去的地方，讓不同來源的知識各就各位，利於我們對比和篩選。如果沒有這個可靠的系統，缺乏客觀科學的邏輯，你對知識和資訊就不具備強有力的分辨能力，在學習時便容易良莠不分，或者因為貪多嚼不爛而消化不良。

篩選和留下最可靠的知識

我們知道，現在越來越多的人患有強烈的「知識焦慮」，隨著人工智慧的快速發展，現代社會實質上進入了一種「資訊之海」，你看到、聽到和感知到的所有資訊皆非來自人，而是網際網路技術。學習不再是「人」自己的事情，是人和機器的競賽。人們開始擔心未來會不會被人工智慧全面替代。怎麼在這場競賽中保住自己的優勢？如何從資訊之海中篩選出對自己有用的資訊？這讓人備感無力。

但是，學習最重要的並不是找到那些價值千金的知識，而是通過對知識的篩選與吸收建立起自己的思維框架。

篩選和提取知識：比如一本 20 萬字的書，它提供的資訊和知識是大量的，你不可能用同一個標準吸收它全部的內容，只能有針對性地篩選和提取書中的某些知識，或者制定一個框架，根據目錄、需求等標識性的東西到書中尋找相應的知識點，把它們拿出來，再延伸到自己對於這些知識點的理解，產生一個關於此書的「簡化版」。

篩選知識的規則：也是搜集資訊的方法，首先你要清晰地知道自己的弱點是什麼，要重點學習哪方面的內容，這叫鎖定方向；其次你要快速準確地把相關內容找出來。我推薦讀者在學習之前先列一張清單，寫上具體的需求——這本書有哪些

知識是我最需要的？我急需彌補的知識點是什麼？然後照方抓藥，把對應的內容標注出來。在這個階段，你對這些知識不需要深入瞭解，只需將它們篩選出來即可。

搜集和保留可靠的知識：請注意，即便一本公認非常權威的書，它的內容也並不是全都可靠的，至少對我們個人的需求而言，書中的有些證據和觀點未必就符合我們的實際情況。所以在篩選時一個基本的邏輯是：**我要找出那些符合我實際需求的知識**。在任何資料和資訊的整理中，這都是要堅持的原則。如果你學到的是不可靠的知識，付出越多，成效便越差。像「書呆子」、「飽讀詩書的廢人」等就是在形容那些學習了很多毫無用處的知識的人。

有時候，我突然想放下工作，瞭解和背誦一首好的詩歌，緩解工作的壓力。我也想找一本最新的詞典，從中學到幾個新的、有意思的詞語，為下周的工作做好準備。這些念頭是一瞬間的，是短暫的學習衝動，但它意義深遠。因為這些學習佔據了你大部分的零碎時間，影響你的整體學習的效率。

如果我能將這些學習的小計畫實現好，在碎片時間裡做好基本的資訊收集和對比分類的工作，就能為我後面的工作解決很多重大的問題。比如，找一些好的詩歌，能讓我有好的心情，恢復精力；新的詞語能激發我在工作上的創造力，提高未來在學習和工作中的水準。這是學習系統中一個至關重要的環節。

總結──篩選知識的標準和流程：

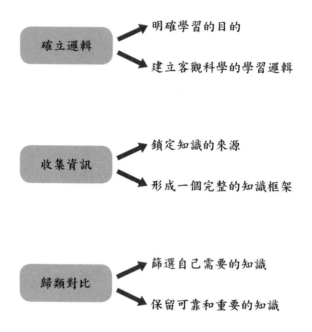

確立邏輯 → 明確學習的目的

確立邏輯 → 建立客觀科學的學習邏輯

收集資訊 → 鎖定知識的來源

收集資訊 → 形成一個完整的知識框架

歸類對比 → 篩選自己需要的知識

歸類對比 → 保留可靠和重要的知識

　　在這三個步驟中，除了建立學習邏輯和形成知識框架外（學習的目的性和系統性），對知識的來源進行歸類比對也非常重要，甚至影響我們學習的最終效果。假如你不能分辨出哪些知識是可靠的，哪些知識經不起驗證，很可能到最後才發現前功盡棄。

分辨「假知識」

你知道嗎，我們在自己的一生中學到的 90% 都是假知識，其中很多假知識還被人深信不疑。比如，你認為「近視矯正手術」可以治癒近視嗎？十有八九的人回復我他認為可以，態度十分肯定。這是一個錯誤的醫學常識，是很典型的假知識，因為正確的答案是：不能。它只能控制近視，讓症狀不會更嚴重，卻不能把近視這個問題消除掉。

在這方面，名人也會犯錯。《羅輯思維》的節目主持人羅振宇曾說，他選書的一個方法是先看作者是否值得信賴，然後買來他全部的書。潛台詞是，相信一個作者，就可以相信他教授的所有知識。這個觀點是非常有問題的，因為很多權威給我們的知識中也有灌水的部分，而且占比還不小。

> 「凡是不符合現實又經不起事實驗證的知識，我們都可以稱之為『假知識』。我們學習知識的目的是瞭解智慧，不是蒙蔽雙眼。」
>
> ——費曼

「假知識」是如何欺騙大腦從而被我們接受的？根源是大腦學習知識的原理。把知識看作某件物品能便於理解這個過程：外界的環境和某件東西要被大腦熟悉和接受，就必須經過我們大腦內的意志的轉換——我喜歡和需要這個東西。也就是說，喚醒大腦的意志，是學習和理解知識的必經途徑。

比如，「床」對人很重要，是睡覺的地方，大腦喜歡它。「衣服」、「汽車」、「房子」和「酒精」等同樣如此。從本質上看，大腦接受它們是某種意志的作用。人的所有的行為都是靠這些意志的共識運轉。沒有意志，大腦對任何事都不會感興趣。我們形容一個人「心如死水」，就是說他從意志層面把自己與外界隔離了。這時候，不管世界發生什麼事情，他的內心都波瀾不驚，自然也談不上學習的動力。

相對而言，知識是不變的，變化的是你的意志。大部分的「假知識」都具有刺激意志的特點，為了讓人樂於接受，它們被貼上了「心靈成長」的標籤。甫一接觸，如同打了一針興奮劑，瞬間便讓你激情澎湃，好像終於發現了世間的真理。可這種短暫的快感只是由於激勵人心的內容衝擊了你的思維，卻改變不了你的行為。但它對你灌輸了一種錯誤的認知，這種認知很難消除。

這就是為什麼許多創業失敗的人願意花錢去聽一些「專家」和「成功人士」的講座，覺得自己學到了很好的創業知

識，卻仍然繼續失敗的原因。這些知識被傳播到各個角落，你隨便查就能找到幾百頁，但你學習它們依舊做不好生意，管理不好公司。這些知識從理論上看也許是對的，可對於實踐而言是不折不扣的「假知識」。它們有著嗎啡般使人上癮的特點，我們在學習時必須躲開。

過濾來源不確定的知識。對知識來源的判斷尤其重要，它們來自圖書館、教科書？還是臉書粉專、論壇或道聽塗說？對於來源不確定的知識，要果斷過濾去除；對於來源不夠專業和權威的知識，則要以審視的眼光對待它們；對於專業和權威的來源，我們也要學會獨立地思考和謹慎地採納。

小心對待差異化的知識。知識的「差異化」是指非重複、有分歧甚至互相衝突的內容，比如經濟學家 A 說：「隨著美國不斷退出國際組織，全球化已至末路，未來是區域經濟的時代。」經濟學家 B 的觀點是：「恰恰相反，一個新的全球化時代正式開啟了，未來將是新規則、新形態的全球化。」兩種看法尖銳對立，但又同是這方面的專家，都提供了嚴謹的論證。哪種觀點是我們該採信的呢？對此要有務實的態度，結合自己的理解學習他們的觀點。

用對比的方式挑選和分辨知識。對照知識的來源，目的是刪除重複和不可靠的資訊，增加獲取新知識的可信管道，保障自己所獲得知識的品質。通過歸類對比，我們能把那些真正值

得學習的知識找出來，將它們放入自己的學習系統。這就像做飯，你從超市買了菜回來，第一步是摘菜和洗菜，摘掉那些壞葉子、洗掉泥土。這個過程在任何形式的學習中都不可或缺。

曾經有人問我，如何才能把知識轉化成自己的能力？去參加各種講座、聽課、讀書、到知識共用網站「狼吞虎嚥」加大閱讀量？顯然不行！我的建議是，你要先確立兩到三個可靠的知識來源——老師、專業網站或圖書館，再把從這些來源得到的知識互相印證對比，找出對你重要的、不同領域的知識，再進行深度的學習。

在學習中，請你忘掉過去累積的所有的技能。因為過去的經驗在學習時會起到「心靈雞湯」的作用，影響大腦的判斷和選擇。經驗對學習來說並非指路明燈，它回歸到本質只是一種具有慣性的行為模式而已。如果你願意相信經驗，經驗就代表知識；如果你不認可它，它就是學習的阻力。

你是否想過自己過去學到的知識都是怎麼來的？沒錯，我們所有的知識都來源於「別人的想法」。既然是從別人那裡聽來、學來的東西，你就必須擁有一種警惕和審視的態度——把「假知識」辨別出來，再踢出你的學習系統，不要在上面浪費一丁點精力。否則，你可能成為「假知識」繼續傳播的一個無意識的幫兇。

Chapter 08 形成心智圖與流程圖

　　將知識系統化的一個重要步驟，是要通過讀書筆記以及心智圖等形式對學到的和即將學習的內容進行加深和加強。我們要做的不僅是畫一張心智圖，還是一個清晰的流程說明，整個過程是視覺化的。

　　想一想，你在學習或向別人傳授知識時有沒有遇到過下述問題？

- 為什麼我講了很多遍，我的學生／對方還是聽不懂？
- 為什麼我花了很多時間，仍然掌握不了這門知識？
- 為什麼我查了那麼多資料，依舊理解不了這個概念？
- 怎樣才能幫助我更高效地學習知識？
- 如何才能幫助我更有效地傳達自己的知識？

　　毫不誇張地說，幾乎每天都有人向我表達類似的困惑。不管是在家裡自己閱讀，還是在學校正式的學習場合，我總能看到一群在「教」與「學」之間掙扎的人。對學習者，要掌握的知識太多，對教學者，要傳達的知識量也過於龐雜。這時候，你需要採取心智圖的形式加快理解，幫助自己將知識以一種簡潔的結構系統化，從而提高學習的效率。

橫向拓展：讓知識「視覺化」

　　心智圖的最大作用是可以讓我們對知識進行橫向的拓展，把不同的點以清單、圖像、分支的形式展現在一張紙上，讓知識的主要節點一目了然。通過視覺呈現的方式，刺激大腦的圖像化思考，如同在城市中擁有了一種「直升機視野」，看到知識的關鍵部分。

　　當知識視覺化時，我們能以較低的成本高效學習。因為學習在本質上是大腦對資訊進行加工的過程，想提高效率，第一時間瞭解到最重要的內容，抓住知識的重點，提高大腦對知識的感知速度和效能就顯得尤為重要。

　　我們對外界環境的感知主要是通過不同的感官實現，眼睛是獲取知識最主要的一條通道。為知識畫一張心智圖的最主要目的，就是擴大眼睛的作用，讓知識變得立體化，使它的整體結構通過眼睛傳輸到大腦，可以節省很多不必要的精力。

> 「人的感官通道有五種，分別是視覺、聽覺、味覺、嗅覺和觸覺。毫無疑問，視覺是最高效的感官通道，它承擔了大腦 80% 的資訊輸入任務。」
>
> ——費曼

那麼，為何人們在學習和工作中還會本能地排斥心智圖的形式呢？有人覺得畫一張圖太過麻煩：要準備紙、準備筆、還要啟動大腦進行深入思考、分析知識的結構、標注知識的要點，這讓他覺得有難度。問題是，學習從來都不是一件輕鬆的事情。你不可能像喝咖啡一樣隨隨便便就能掌握一本書，或者不費吹灰之力就記住一門語言，並在與外國人的交流中自如地使用它。如果你不想認真對待，這一目標是不可能實現的。

心智圖的第一個作用，是把我們的注意力指向實質與最關鍵的資訊，加深我們對於知識的印象。這不僅有利於把握本質，也有助於記憶。比如，你可以先對自己要讀的一本書畫一張**概念圖**，把主題、用途等要素圖形化，突出這本書的理論和觀點；再畫一張**結構圖**，揭示目錄、章節以及概念之間的關係，把書的不同板塊分類，形成一個簡明的層次結構，有利於有目標的閱讀；還可以畫一張**因果圖**，列出書中的觀點的前因後果、論據與推理邏輯之間的關係，這能為你提供一個獨立思考的視野。你可以站在自己的角度思考書中的觀點是否經得起推敲，是否還需要尋找更多的論據來支撐他的觀點。這就讓我們的學習擁有了一種富有廣度和深度的宏觀視野。

知識場景的視覺化

通過特定的圖像化的方式，我們對知識產生了強烈的「畫面感」，很容易感同身受，迅速融入這個知識的場景中，在與場景的互動中，記住那些關鍵的要素。很典型的例子是英語

角，人們湊到一起，全程用英語溝通，創造了一個深厚的集體氛圍。這種方式無論是對記住單字還是練就流利的口語，都能發揮正面的作用；又如有位同學在學習古詩詞時，特意配上了一些詩情畫意的影像和圖片，這也是將知識場景視覺化的好方法。

知識關係的視覺化

如果我們不理解不同知識之間的關係，就無法理解知識本身。把知識關係視覺化，有助於揭示不同的資訊、要點之間的關聯性——它們的不同來源、互相的因果、比較與證明——在碎片化的知識中建立聯繫，形成完整的系統，最終站在整體的角度理解和掌握知識。像概念圖、要點圖示和要素展示圖等，都是有效的展示知識關係的視覺化方式。

學習過程的視覺化

這是費曼格外推崇的方法，他建議人們採用動圖、影片等方法瞭解知識的原理，尤其在物理學的教授中，他鼓勵學生觀察一項物理原理演示過程的影片。比如火箭引擎產生燃燒推力的過程、彈子鎖的工作原理等。如果只是用語言描述和閱讀文字，你聽到和看到的是枯燥無味的文字組合，夾雜著一堆晦澀難懂的學術用語，你要反覆背誦和琢磨才能理解；但如果用影片呢？你可以看到整個過程，幾秒鐘的時間便恍然大悟、理解相關知識。

畫出一個「學習流程」

為了熟讀一本書，我經常先給自己準備一個簡易流程。做法是拿出一張紙，畫一個簡單清晰的步驟圖：第一步做什麼（目的和方法），第二步做什麼（目的和方法），以此類推，一般不超過五步。每完成一步，在後面打一個「✓」。

這表明了心智圖在學習中的第二個作用，它提供的價值遠不止於宏觀角度對知識的理解，還深度參與了我們在學習時「分析資訊」的過程，可以幫助你在理解知識時更輕鬆與可控。輕鬆在於節省思考的精力，紙上展示了知識的框架和主要知識點；可控在於能把握學習的時間，知道當下自己處於哪個環節，何時能達到目的。

第一步：短期記憶

我拿起手中的一本書，是著名投資家戴納西姆·尼可拉斯·塔雷伯（Nassim Nicholas Taleb）寫的《隨機騙局》（Fooled by Randomness），書的副題是：潛藏在生活與市場中的機率陷阱。不妨想一想，費曼將如何閱讀和學習這本書？在費曼學習法中，理解知識的第一步是構建一個系統。可以是主題系統，也可以是分析系統。我選擇了建設一個主題系統：

1. 成功的投資家講述如何投資
2. 與市場主流意見不同的觀點

3. 警惕隨時出現的黑天鵝效應

4. 從隨機變化的市場中發現隱藏的機遇

　　這些主題匯總出來，在大腦中形成一個短期記憶。當我將它們存儲進大腦時，也產生一個聚焦的作用。短期記憶能創造一個焦點，或者說指明一個方向，以便於我們進一步採取行動。即，如何對書的內容進一步學習，讓其轉換成大腦的「長期記憶」，吸收書中的有益知識，持久地存儲在大腦中，並改善我們的現實生活。

第二步：心理圖像

　　構建知識的心理圖像，我們需要對知識進行視覺表達。通俗地說，心理圖像是指知識以**形象化的方式**在我們的大腦中形成的**抽象概念**。它具備兩個特點：第一，精練的語言表述，文字易於理解；第二，文字表述可以圖像化。對於學習者而言，不熟悉的知識——特別是抽象型的知識，僅用文字表述會讓人理解起來備感艱難；人很難想像那些超出自己閱歷和經驗的事物，比如你對地球上的空間很熟悉，卻無法理解黑洞裡面的空間規則。但當採用形象化的方式描述，通過視覺表達出來時，事情就變得簡單多了。

　　例如塔雷伯在書中的觀點：股票的價格遵循的是隨機的漲跌規律，一切都是市場在自己主宰，人對價格的預測大部分只能靠運氣。只看這段文字，我可能記不住三天，因為關於投資

的理論實在太多了，也許第二天就有別的理論吸引我，覆蓋了
這段記憶，使我沒有強烈的興趣繼續讀下去。

　　我便在紙上畫了兩幅圖。一幅代表了市場的主流聲音（他
們認為趨勢是可以預測的）。如下圖所示：

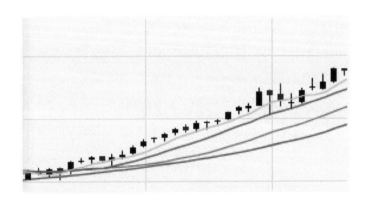

　　另一幅是塔雷伯的觀點，他認為趨勢無法預測，尤其公認
的上漲趨勢會隨時崩盤。如下圖所示：

當我用這兩幅圖進行對比時，我發現塔雷伯的觀點是正確的，這堅定了我繼續閱讀和學習的決心，直到耐心地讀完他的書，並真正理解他的思想。一旦知識在大腦中構建了心理圖像，我們便能產生深刻的、難以磨滅的印象。

再比如我們在化學課都會學到的水分子（H_2O）的形態、運動和變化，水分子在書本上的文字形象是 H_2O——氫二氧，無數的化學分子式均是這種類似的組合，記起來非常枯燥。現在，我們可以在紙上畫一個水分子的模型：氧是一個藍色的大分子，氫是兩個綠色的小分子，它們結合在一起就像一顆腦袋帶著兩隻大耳朵。閉上眼睛想像一下，是不是感到形象具體，易於記憶？

圖像化的記憶有利於在大腦中植入心理圖像，這比純粹記住一段文字要有效生動。在理解不同的知識時，用這種方式都能起到很好的作用，加深我們對知識的印象。

第三步：雙重編碼

在認知心理學中有一個「雙重編碼」理論，該理論認為，人的大腦中存在兩種功能獨立卻又相互聯繫的資訊加工系統：一種以文字語言為基礎，另一種以心理圖像為基礎。前一種是語言意義，後一種是圖像意義，對資訊同時進行兩種加工，等於實施了雙重編碼，記憶更加牢固，理解也更為深刻。

因此，在第二步的基礎上，我們需要把文字形象和圖片（影片）形象結合起來理解所學的知識。經過雙重編碼的知識在大腦中會被優先存儲，然後轉變為持久的長期記憶。**這就是為什麼我們去網站看影片學習歷史知識要比在課堂翻閱歷史書效果更好的原因。**圖像傳達的資訊成倍地放大了文字的效果，大腦喜歡這種學習方式。

第四步：長期記憶

我們**想要學習的所有知識**，最後都要在大腦中**轉化為「長期記憶」**才算成功。因此無論採取任何學習方法，都要同時啟動這兩個系統為大腦服務，對資訊同步編碼。只有雙重編碼順利地成功後，資訊才會被大腦轉移到長期記憶。此時，我們便完成了對於知識的理解。

我在課堂之上和課堂之外的很多場合向人們推薦知識視覺化的學習方式。在費曼學習法中，它對我們迅速而深刻地理解所學的知識有著莫大的功效。不僅利於「學」（輸入），也有助於「教」（輸出）。

除此之外，制定心智和流程圖的還有一個重要的原因，那就是文字語言的表達先天具有碎片化的特徵。如果你按部就班地閱讀文字知識，就需要勞煩大腦把碎片化的知識拼接起來。這很不容易，你會激怒大腦，它討厭這種學習。為什麼一本書讀了三分之一你就扔到一邊不再感興趣了？不是你不想學習書

裡的知識，是大腦在說「不」。這是由文字語言的表達與視覺語言的表達之間的差異決定的。視覺語言往往具有整體性的特點，它在一個完整的邏輯之上被組合起來，大腦不需額外做些什麼，就能理解和存儲這些知識。

例如，有一個知識——它可能需要 20 句話、300 字左右才能表述清楚，對大腦而言，每一句都是一個碎片資訊，無法反映整體。我們的大腦要將 20 句碎片資訊整合在一起，才能真正從整體上理解它。但是影片或圖片呢？幾秒鐘或者一幅圖就可以了，通過眼睛的處理，所有的資訊在上面一覽無遺，而且是已經被解構並重新組織好的精彩的內容，大腦一邊接收視覺信號，一邊已經從整體的角度理解這些知識。

所以，文字語言「碎片化」的特點決定了它不利於高效能地學習，起碼在理解的環節為我們設置了足以讓人望而生畏的障礙。與之相比，視覺化的表達則具備強烈的「整體性」的特徵，尤其善於表達知識之間的關係，使大腦能夠更好地把複雜的資訊迅速地加工和記憶。**你的理解和記憶速度有多快，學習知識的效果就有多好。**

總體而言，費曼在自己的教學工作中推薦的「心智和流程圖」有助於我們解決以下的五個問題：

1. 快速地獲取自己需要的資訊

不論是一本書，一門學科，還是一種技能，速度可以得到保證。

2. 掌握理解和分析知識的方法

和文字語言比起來，心智圖的形式為大腦創造了一條視覺化的路徑。除了讀書外，我們要借鑑圖片、影片等工具輸入內容。

3. 建立自己思考問題的框架

心智圖從整體和宏觀的角度重新組織了知識，為我們提供了一個系統化思考問題的架構。

4. 形成高品質的學習筆記

組織和繪製心智圖的過程之中，我們同時也會完成一份高品質的學習筆記。

5. 為知識的輸出做好準備

心智圖是以教代學的一個必要工具，如果你不能為所學的知識畫出一個整體框架，就無法向別人輸出知識。

閱讀與記憶的原則

我在讀書時有個保持多年的習慣，每當要閱讀一本書或瞭解自己不熟悉的資料，便準備簡易的筆記本和一支筆。它可以是幾張紙，也可以是一個薄薄的小冊子。筆記本和筆準備好後，我會先將書或資料大概翻閱一遍，時間不超過 20 分鐘，然後在筆記本中寫下一個簡短的概要。

概要包含如下內容：

- **書或資料的主題**：內容講什麼，有何主旨。
- **書或資料的作者**：作者的資歷，有何專長。
- **書或資料的結構**：分類和不同板塊的主題。

隨後我再開始閱讀或分析。一邊讀，一邊結合概要的三個內容填充主題思想和要點，並提煉這些知識的主要觀點、理論基礎、論證過程，並記下自己的疑問。我一定要用筆記下來，而不是讓一個又一個的問號在腦海中短暫地浮現。

這麼做不是因為我的記性不好，而是充分意識到了自己思維與格局的局限性。我瞭解自己不可能對所有的事物一清二楚；我也深知自己的悟性做不到對於陌生的知識一點就透、一

學就通。特別是當我在教學工作中有時找不到好的素材和切入點時，更會發覺自己知識的鄙陋。

因此，我從費曼那裡學到了一個寶貴的經驗，就是**採取盡可能省時省力的方法高效地閱讀和記憶，加強對知識的理解力**。我們學習不單單是讀了幾本書、看了一堆資料那麼簡單，而是要從裡面獲取有益的資訊和學會分析問題的方法。

「我們要善於通過學習來『懂得學習』，要掌握這種能力，就必須在學習中建立自己的思維框架。」

——費曼

在學習中成功地建立起自己的思維框架，對知識進行系統性的理解和吸收，也是高效地閱讀與記憶的一個基本原則。在這個大的原則下，包括了兩個小的原則：

第一：快速地獲取有益資訊

費曼認為大量的閱讀在初期是必需的，充足的閱讀量能讓我們在大腦中建設一個「資訊池」，裡面裝著各式各樣的資訊，不排除很多是無益的甚至是有害的資訊，但只有這樣你才能更為清醒地認識到哪些是有益資訊，逐漸產生一個篩選資訊

的有效標準。在之後的閱讀中，隨著閱讀量的增加，你篩選資訊的能力便越來越強，速度也越來越快。

第二：學習發現問題和分析問題的方法

建立自己的思維框架後，我的理解是便擁有了一個發現問題和分析問題的成熟的工具。在學習的過程中，你從知識中發現問題、分析問題，將問題提取出來做系統性地理解，找出解決的辦法。因為有獨立的思維框架，你能把問題延伸到自己的身上，結合自身的實際情況，按照自己的思路對資訊抽絲剝繭，最後形成一套自己的解決問題的辦法。這時候，學到的知識才變成了你的智慧，再經過一定的實踐，成為真正適合於你的方法論。

在閱讀和記憶中，我們一邊學習自己需要的知識，一邊建設屬於自己的思維框架，不但能加強對知識的理解，也會開始擴充自己的思考範圍，同時在學習中積累對自己富有價值的**知識與技能**。

從長遠來看，閱讀和記憶並不是一場數量的比賽。我們所學知識的數量向來都是一個假議題。不是說你讀過的書越多、記下的知識越多，你的（學習）能力就越強；而是說，當你能從較少的知識中也能獲取到比他人更多的有益資訊時，你對知識的理解和運用能力一定是更加優秀的。

Chapter 10 第一次複述

費曼學習法格外重視「輸出」的作用——簡單地講，**輸出就是複述你所學到並理解到的知識並讓聽者理解**。第一次複述要做什麼，是先講給我們自己聽一聽。你要嘗試著將學到的東西為自己講解一遍，看能否像預期的那樣理解，或者至少透徹地解讀一大部分？

2017 年，著名資訊收集和諮詢機構蓋普洛公司曾經做過一次調查：「當你讀完一本書時，是立刻放下它去找下一本書，還是對書的核心思想重溫和整理一遍？」這是一個關於讀書習慣的問題。該調查涵蓋了中、高校學生，白領和企業管理層等 60 萬人。結果顯示，43% 的人讀完一遍便對書棄之如敝屣，懶得再看它一眼；21% 的人把書放到一個醒目的位置，告訴自己有想不通的地方再回來翻閱，但也就想想而已，隔幾分鐘就忘了；20% 的人會做溫習讀書筆記的工作，將有用的知識整理出來；僅有 16% 的人能抽時間將書中的知識以複述的方式強化認知。

調查人員說：「我們對這個資料感到遺憾。良好的學習習慣決定著人們最終的學習效果，多數人在學到一個知識後即便倒背如流，其實也並不知道該怎麼表述它。也許他心裡清楚大

概怎麼回事，但他無法流利、精確地把這個知識描繪出來。知識在他們腦中是一種薛定諤的狀態，好像學通了，又好像還差很多。在時間的侵蝕下，學到的知識一點一滴、悄悄地流失，直到有一天他突然發現，已經完全記不起那本書講的是什麼了。」

比如，你像我一樣剛讀完了塔雷伯的《隨機騙局》一書，希望把這本書推薦給別人。你個人覺得書的內容無比精彩，每讀一章都令人激賞，有醍醐灌頂之感。但你會怎麼向朋友和同事描述這本書呢？你真的已掌握書的精華？這就是整理學習筆記和複述的重要性。你可以先練習一遍，把自己當成是你的朋友，對著一面鏡子，假設這是一個非常嚴肅的場合，對方想聽一聽你的看法，把書中精華的內容說出來，並確保他能完全聽懂。

我建議你放下手中的書，創造一個類似的場景，然後問自己：「本書的前面幾章我已經讀過了，現在我能複述一遍這些內容的核心思想和主要的觀點嗎？我有漏過重要的知識嗎？」如果你能每隔一段時間重複這個過程，你在本書的學習過程中獲得的收穫將遠遠大於那些從不複述的人。

同理，我們學到的任何知識、接觸的任何課程、影片乃至圖片資訊，你都可以用這種方式複述出來。這是對知識加深理解的最簡單和最有效的方法，也是不可或缺的步驟。

對自己複述一遍可以幫助你：

建立長期記憶

一旦展開複述，我們就不得不回憶剛剛學到的內容，就像放電影一樣。那些短期記憶從大腦中紛紛被調取出來，經過梳理、強化和初步形成知識系統，其中重要的部分便轉化為了長期記憶。這個原理很簡單，我們都知道——默讀過的知識如果再朗讀一遍，記得便尤為清楚。

加深對知識的理解

在複述知識時，相當於你沿著自己的學習思路和知識的邏輯又走了一遍，對知識的要點、立論和邏輯體系的認知更加明確，理解也更加深入，還可以發現很多學習時被忽視的細節。我在讀書時常常溫習兩到三遍才能悟到原先沒領會到的作者的意圖。這麼做總能加深你對知識的印象。

更加主動地學習

當你將複述作為一項任務加入學習計畫中時，學習的過程中你就能有意識和主動地對知識的重要部分加強理解，對論點、論證過程和邏輯基礎也就更為敏感。這樣一來，被動學習便過渡到了主動學習，提高了學習的效能。如果你沒有做好複

述的準備，學習時大腦逮到機會就會偷懶，它抱著完成任務的心態敷衍你，學習的效果往往不如預期。

對知識展開聯想

複述不只是對知識背誦、整理一遍或只介紹大概，而是會讓你發現過去不曾有過的想法，或者突然冒出新的思路。你自己的觀點和所學的知識在複述的過程中彼此碰撞交融，產生靈感的火花。這會帶來意外的收穫，為你拓展學習的視野。

得到關於問題的回饋

需要一提的是，有很多公認的「好知識」其實名不符實，權威的觀點和論證也並非不存在問題，複述能幫助你盡可能發現那些與實際應用不相符合的內容。在複述時你可以對知識中的某一個論點、論據或論證邏輯提出自己的疑問，再從溫習中找到回饋。這能為你養成很好的學習習慣。

第一次複述時，應該如何實施從開始到結束的整個過程？我們可以分成三個階段：

第一個階段：憑印象複述

開始複述時，可以描繪一下那些你自己記得最清楚的內容，把印象深刻的部分講述出來。比如特別的觀點、有趣的案

例和別出心裁的論證等。不用顧慮說得是否準確，要自由、大膽和隨心所欲地講出自己的印象。根據這些講述出來的印象，回頭可以去整理這些知識點，進行二次學習和比對。我有一個習慣，瞭解到一個知識時我先快速自己把它講一遍，然後統計哪些講得對，哪些偏離了原意，回頭再根據這個統計重點學習。

第二個階段：複述中提出問題

第二個階段並不是在幾天之後，而是隨後進行，也就是當你對自己講完對知識的初步印象後。比如喝一杯茶，在 5 分鐘、10 分鐘之後。這時我希望你的手上多了一張紙，上面記著你在第一個階段複述時印象深刻的知識點。

這個階段的複述不僅僅是重溫你剛剛學到的內容，而是有意識地將它們與自己過去已知道的知識相結合，進行對比，懷疑，分析，看能否用自己的邏輯很好地把它們融合到一起。如果不能，針對這些知識點提出新的問題，寫下一系列的「為什麼」。你要解決這些「為什麼」，才能把知識變成你自己獨有的智慧，並且成功地輸出給別人。

第三個階段：複述中加入自己的觀點

最後一個階段是為了完成我們對於知識的理解和昇華。通過對所學內容的複述，一邊說一邊對比檢查，把自己的觀點加進去，實現新知識與自身已有的知識系統的銜接。比如，我

學習了如何維修汽車引擎，便和自己開車時總結的經驗結合起來，為一些過去的疑問找到了答案，對汽車便有了更深的見解。當你在新知識的基礎上形成了自己的觀點，才能到各個平台傳播你的見解、分享你的觀點，從更大的群體中獲得更廣泛的回饋，加速自己的進步。

費曼技巧：系統化原則

在費曼學習法中，一個很重要的原則就是系統思考——用系統化的思維去理解知識，歸納、篩選和分析知識，才能最終消化知識，成為自己的養分。

在課堂上費曼比喻說：「構建知識系統就像修建一張四通八達的交通網，每一條路有它的出發點，也有它的終點，路和路有交匯點，也有資訊處理中樞，互不重疊；知識就是這張網路中汽車所運輸的養料，它們有秩序地運轉，去往該去的地方。」

要達到這個目的，我們就需要遵守一些原則：歸納、篩選和分析。這些原則非常重要，也是平時的學習工作中應該具備的技能。因為系統思考從本質上講，就是從事物／知識的互動關係入手，而非從事物／知識本身入手。即，去思考知識和知識之間的關係，才能在學習中對事物達到較為深入的理解。

```
┌─────────────────────────────────┐
│            歸納                  │
├─────────────────────────────────┤
│   確認可靠來源／對知識進行歸類      │
└─────────────────────────────────┘
              ↓
┌─────────────────────────────────┐
│            篩選                  │
├─────────────────────────────────┤
│   找到需要的知識／排除「假知識」     │
└─────────────────────────────────┘
              ↓
┌─────────────────────────────────┐
│            分析                  │
├─────────────────────────────────┤
│   確立一個分析邏輯／形成心智圖       │
└─────────────────────────────────┘
```

　　根據心理學家的研究，人類的思維方式共有四種，分別是水平思考、擴散性思考、聚斂性思考和垂直思考。其中，水平、擴散和聚斂我們亦可看作是垂直思考中的三個工具，就像桌腳或汽車的輪子。在各行各業的學習中，不管是產品思維、網際網路思維還是行銷思維，不過是上述四種思考方式的具體策略或者變種。

　　在執行這三項「系統化原則」時，要學會運用水平、擴散性和聚斂性思考這三種工具對知識展開理解：

水平思考：歸類對比

從多個方面看待同一個事物，即設立不同的甚至完全對立的角度去分析知識。書中告訴你應該向東，你要嘗試思考一下向西，在對比中進行驗證。你也可以展開逆向推理，想一想：「如果李笑來的觀點是錯的呢，難道不可能嗎？如果羅振宇說這些話的目的是為了商業行銷而不是真心為了觀眾呢？」這就能幫你尋找到一個不同於大多數人的角度，辨別知識裡面灌水的部分。這麼做能幫助你跳出知識本身的「邏輯陷阱」。

擴散性思考：心智圖

對知識進行四處的發散、聯想和分析它們的關係，在知識與知識之間建立聯繫，特別是讓它們與不同的知識發生關係，看看有什麼新的東西出現。本章宣導的心智圖是一種很有效的方式，它既能簡明扼要地讓我們看清一本書、一個項目、一個學術論點的整體框架，也能發現它內在的邏輯基礎。在這個環節，即使胡思亂想也是有價值的，你可以任意想像。

聚斂性思考：知識結構

最關鍵的一步，是將學到的零散的知識點和資訊聚集起來，如同蓋房子。這是一個把知識結構化、系統化的過程，簡化你瞭解到的知識，同時改善或者構建一個屬於你自己的知識框架，從而更快速、全面和深入地理解或解決你正在面對的問題，提升自己的水準。

輸出是最強大的學習力

關鍵字

輸出

設定一個傳授的場景,當我們要輸出這些知識時,才會真正清楚自己究竟掌握了多少,發現那些還需要強化和加深理解的內容。

以教代學

「以教代學」是費曼學習法的核心。他說：「如果你不能向其他人簡單地解釋一件事，那麼你就還沒有真正弄懂它。」

這不是空洞的大道理，而是一套科學的學習方法。

物理學家費曼把它變成了一個學習系統中至關重要的部分——也就是在學習的過程中向其他人輸出你學到的知識。

假設有一個外行人站在面前，你要用對方聽得懂的語言把這些知識解釋給他聽。經過回饋，再檢查自己的學習效果。

在學習中，聽、看和閱讀是被動學習，這也是學生最擅長的技能。我在教學中遇見的 99% 的「好學生」，他們的思維和行為模式驚人的一致，那就是認真地聽、拼命地記和反覆地進行高強度練習，依靠勤奮促進知識的增長。

但這些方式在內容留存率上處於偏低的水準（見右頁圖）。只有以討論、輸出為主的學習方法，才能用較少的代價獲得較高的內容留存率（見右頁圖）。

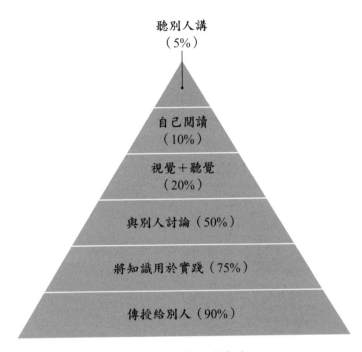

學習方式與內容留存率

在教學工作與自己的學習中，費曼的方法對我影響甚大。無論是自己寫文章，還是向學生解釋一些新的概念、知識，我大量使用了類比的方式。有時候我自己並未徹底地理解，但也嘗試在通俗的解讀中與聽者共同學習這些知識。不少與其他知識的類比是我在學習時自己產生的理解，然後在輸出時從聽者那裡收取回饋，很好地修正自己的判斷。

有位朋友給我舉了一個例子。他是一名汽車工程師，當他學習汽車的機械原理時，對變速箱的工作原理學了很久也仍然

不得其門而入，覺得很難搞懂。後來他到網上查找影片，看到一位國外的工程師在影片中介紹變速箱，其中有一句話：「我們可以將汽車的變速箱看作是山地自行車的變速齒輪。」這位朋友豁然開朗，按照這個方法，很快便明白了它的工作原理。

誰都能聽懂

影片中的國外工程師在介紹變速箱的知識時使用的就是費曼學習法。他沒有把書上晦澀難懂的專業術語拿出來販賣，炫耀自己的知識深度，而是將汽車的變速箱類比為自行車的變速器，一下子就把專業語言「翻譯」成了人人皆知的大白話，不懂汽車的門外漢也能聽懂七八成──只要他懂自行車。想想看，生活中有幾個人不懂自行車呢？

將注意力回轉到你自己的行業，對於你來說，如果我讓你用一段最簡單和樸實的語言把你從事的工作或者你擅長的領域中的那些核心的知識分享給一個從未瞭解過這一行業的人，你認為自己能夠做到嗎？

- 如果你是天體物理學家，怎樣用幾句話就讓從未學過物理的人明白「引力波」是什麼？
- 如果你是一位作家，你能把一首充滿罕用字的《詩經》裡的短詩向從未上過學的文盲解釋清楚嗎？
- 如果你是戰鬥機駕駛員，如何用兩三句話就讓一名小學

生聽懂飛機引擎的工作原理或者飛機是怎麼轉彎的？
- 如果你是軟體工程師，你能讓完全不懂電腦的人很快瞭解電腦病毒的攻擊模式嗎？

以教代學最重要的一點就是，你必須做到在解釋這個概念時只需把它寫成一兩句話，說出來，就能讓一個完全不瞭解甚至沒聽說過這個領域的菜鳥聽得懂，還要有很深的印象。你要用最通俗的語言去闡述它，用最普通的詞語和最短的句子，同時做到精準無誤。這就可以讓你在傳授這個概念之時檢查自己是否真的已經學到了全部知識，加深對於知識的理解，順帶發現那些隱藏的問題。

不久前我讀到一篇故事，講的是一位農民，他沒有受過什麼教育，但他的女兒考上了北京清華，兒子考上了北京大學。有人對他說：「你真厲害，是不是在教育上有絕招？說出來分享一下？」這位農民抓抓頭，老老實實地說：「我沒讀過書，哪懂什麼絕招？我只是覺得，孩子上學不簡單，要花很多錢、費很大的精力，一定要對得起這些付出。所以當孩子放學回家後，我就讓他們把老師當天上的課對我講一遍，就把我當成學生。如果我有聽不懂的地方，就讓孩子解釋。如果孩子解釋不出來，我就讓他回到學校後請教老師。這麼一來，我的孩子學習的動力就很強，因為他們要回家教我嘛！課堂成績也一直很好，從小學到高中，向來都是名列前茅。」

他所使用的就是費曼學習法，雖然他自己意識不到，但無形中幫助孩子用以教代學的模式在學習中獲得了高於其他同學的效果。每當想到這個故事，我總想跟學生家長分享。家長在家庭教育中不能只負責檢查作業、督訓孩子的學習，還要主動當一名聽眾。這位父親不僅讓孩子成為優秀的學生，還無意間使自己的孩子扮演了優秀老師的角色，也訓練了他們的語言表達能力，更培養了他們的思考能力，可謂一舉三得。

簡潔和有深度的分析

網上曾經有一門十分流行的課程，名字叫作《如何成為有效學習的高手》。主講人向聽眾分享他在學習方面的經驗時，講到的第一個原則就是：**學完一門知識，他就將它製作成課程，上傳到網路上銷售。**這位主講人的思路也是費曼學習法「以教代學」的方法，既是目標，還是一種逆向的學習策略。

試想一下，將你學到的知識製作成一個人們願意付費購買的課程需要具備哪些條件呢？這就讓學習不再是你一個人的事情，因為人們花錢買你的知識肯定不是隨便看看的，是為了從你這裡學到有用的東西；現代社會的生活和工作節奏越來越快，人們也不想在讀書求知上花費太多的時間，所以你的課程必須簡潔易懂，不能讓人一邊看一邊查資料；同時，還要具有自己獨特的分析，也就是知識的深度，學了以後能夠解決實際的問題，這樣人們才覺得錢有花在刀口上。那麼，在輸出知識

時你就不能簡單地複製貼上，而是既能總結出知識的精華，又能加上自己深刻的理解，還要用大家都能看懂、聽懂的語言往外傳播。

第一：語言簡潔易懂

正如前面所說，你在闡述一門知識時能否讓一位沒受過教育的人也能立刻聽得懂？另外，能否做到用最少的話表達出最多的內涵？這很考驗我們的語言組織和對精華知識的歸納能力。

第二：精準到位，沒有歧義

要精準，就要用對詞，既精練又犀利地把知識闡述清楚，要保證聽者第一時間就能夠領會到你的觀點，而且跟知識的原義相符不會產生誤解。當然可以有誤差，但不能出現根本的偏差。

第三：講出一定的深度

要有深入的分析和延伸、講出知識的應用和比較重要的價值，不能僅是膚淺的闡述，否則以教代學就失去了應有的意義。

大部分人很難做到這一點，是因為他們在學習時從來不思考，總是囫圇吞棗，以死板的記憶而不是以深入的思考和靈活的應用為目的。這樣的學習在輸出知識時便自然而然地缺乏深度，只能充當一個人云亦云的角色。

第四：加上自己的理解

在把知識教授給別人時適當加入自己的原創觀點，或者舉一反三，引入其他的知識作為比照，在對比中突出你所具備的知識的特點。這麼做可以通過聽者的回饋來驗證自己的理解，有機會發現問題，回去再從進一步的學習中改善這些問題。

強化認知

闡述知識的同時，我們也在強化自己對於知識尤其是重點內容的認知。這個價值一點也不難明白，看起來是你在教授別人，其實是在以輸出的方式促使自己對於「重點內容」進行二次學習，直到徹底地理解和掌握這些內容。

> 「大多時候，我們的學習不過是在朗讀一頁又一頁的 PPT，發現自己不會說的便直接翻到下一頁。我們沒學到，別人也不知道你沒學到。」
>
> ——費曼

PPT 是一種簡化版的資訊記錄平台，亦可稱作簡報，上面大多只是隻言片語。這種蜻蜓點水的學習狀態，你也可以想像成是在將電影膠卷在一個粗略的鏡頭前面飛快地拉過去，每一幀上的資訊是有限的，缺一兩幀也不易被人發現。我們在學習

時發現自己不明白的地方，有可能便直接忽略，其他人也不會知道。這種避重就輕的做法，正是我們平時學習時根深蒂固的壞習慣。我們清楚這不對，可很難改正。

但是，當我們需要從一個人學習的「默讀模式」轉而去教授別人，要把一個知識分解並傳遞給對方、並且保證讓他100%地理解這個知識點時，PPT或膠卷模式便不管用了，我們要切換到類似於寫作的全神貫注的狀態。

寫作是什麼狀態呢？首先，需要作者一字一句地斟酌，每個字都要自圓其說，每句話都要邏輯嚴密、承前啟後。因為讀者閱讀時不會一掃而過，而是細細地品味，一旦存在情節的漏洞或在邏輯上說不過去，作品就是失敗的。其次，寫作也需要作者對內容做到深入的理解，尤其是駕馭知識的困難之處。如果你自己都不理解，那就無法寫出來讓讀者認同和接受。

以寫作的模式去對待知識，學習知識，輸出知識，我們就不得不反覆思考其中的重點，並且讓語言更加精練，然後才能成功地實施以教代學並且促進學習的方法。費曼說：「當你要把一個知識教給別人時，等於打開了一系列的開關。」包括思考的開關、邏輯的開關、語言組織能力的開關等。就算你不是一名優秀的知識傳授者，上述原則中總有一兩條完成得不那麼完美，至少也能讓自己對知識的理解比過去更為深刻。只要能夠取得進步，我們的努力便已經獲得了一個及格的分數。

如何讓 7 歲小孩理解高等物理術語？

有一年，我曾經嘗試讓 7 歲的侄女知道什麼是股票、黑洞、波粒二象性、薛丁格的貓等對這個年齡段的孩子過於高深的知識。有些概念她連詞語的表意都不清楚，也從未聽說過。那是一個無比奇妙的過程，對我有很多的啟迪。我發現，孩子的理解能力其實一點也不低，當你表述得當時，他們可以接受一些遠遠超出成人想像的知識，也能和你互動。

如果我這樣對她說：「波粒二象性是微觀粒子的基本屬性之一，微觀粒子有時顯示出波動性，有時又顯示出粒子性。像光，它既是波，又是粒子，兩種屬性同時存在。」她肯定聽不懂，甚至會覺得我這人莫名其妙，嘮嘮叨叨不知在說什麼語言，一點也不好玩。

我不能對小孩講一堆物理術語，而是換了一種表達方式，問她：「你知道光是怎麼回事嗎？」

她說：「別小看我，我當然知道，燈泡通電會發光，手電筒會發光，火柴點著了會發光，太陽和月亮也會發光。」

我又問：「那你知道光怎麼運動嗎？」

她毫不猶豫地回答：「光跑這麼快，一定是直線！」

我搖搖頭：「不是，光既跑直線，又跑曲線。有個知識叫『波粒二象性』，就是在說這件事。」

侄女的眼睛頓時瞪得很大：「真的嗎，我怎麼沒看到？」她去房間拿出手電筒打開，在牆上照來照去，試圖找到光走曲線的證據。

「跟我來！」我去水龍頭倒了一盆水，從花園找了一顆石子，「看著。」我把石子扔進盆裡，水面頓時泛起了漣漪。她迷惑地抬起頭：「這是什麼意思？」我解釋說：「這就是波粒二象性的一種表現，就像水激起的浪紋一樣，波動著往前走，你再看看是不是？」侄女眼睛一亮：「是不是也像個螺旋形？」

儘管形容不太準確，但她大致上明白了這個知識。經過進一步的聊天，她知道光是由光子構成的，光子體現粒子性，行走的路線又體現波動性。對 7 歲的孩子來說這已很不簡單。我對她描述這個內容時，沒有使用一個專業術語，而是用水的波紋來類比，她非常快地聽懂了這個知識的內涵。

讓聽者在他的能力和已知知識的範圍內可以迅速地理解，是我們分享知識時的一個基礎原則。否則你就是在雞同鴨講，對方聽不懂，你自己也很累。**你懂得什麼並不重要，能讓任何人都能聽明白，才代表你真正地弄懂了這個知識。**

Chapter 13　用「輸出」反推「輸入」

在費曼學習法中，知識的「輸入」可以幫助「輸出」、「輸出」可以反推「輸入」。輸出知識就是在扮演一名老師或傳道者的角色，在教別人理解這個知識時，大腦能自動地啟動檢查程式，看看學到的知識哪裡有問題，哪裡還不夠了解；發現卡住的地方，進一步地打通已經學會的內容，讓它們與自己的知識體系建立緊密而有益的連接。

我們教授別人的過程同時還具有一種強化記憶，並且加深理解的作用。在傳授的場景輸出給別人以後，對於重點的印象將更加深刻；對不容易理解的地方，你的分析也將更加深入。

因為在你教授給別人的時候，對方若經思考，就一定會提出他質疑、疑問和新的想法。你們之間的互動就產生了，一問一答，就會促進對於知識的有效學習，增強你的認知和理解。退一步講，即便沒有互動，他是一個安靜的傾聽者，你也能檢驗自己的記憶是否存在偏差，表達是否足夠準確。

教學的「記憶學原理」

用教學反推學習，最直接的好處是加強了對於特定內容

的「留存率」。什麼是留存率？打個比方，就像一張濾網，我們把所有的資訊從濾網上倒下去，留下來的就是學到的知識，它除以知識的整體，得出的結果就是留存率。比如，十頁的書你記住了一頁，留存率是 10%，記住了九頁，留存率就是 90%。可見，留存率越高，學習的效果就越好。如果學了東西一點都沒記住，說明留存率是零，記憶功能在此處令人驚訝地失效了。顯然，這表明你的學習策略出了嚴重的問題。

在記憶學的研究中，**科學家認為記憶是過去的經驗在人大腦中的反映，它不但是神經反應，還是一種複雜的心理現象。**雖然神經細胞承擔著記憶的主要責任，但人的心理現象卻影響著記憶最終的效果。記憶的形成包括了識記、保持、再現和回憶四個基本環節，每個環節都不可或缺，也都由神經細胞和心理現象共同完成。

其中，「識記」是我們通過對資訊的感知並在大腦中留下印象的過程，是記憶的開始，也是記憶的關鍵部分。識記的成功率如何，直接決定了後面四個環節的效果。科學家發現，有意識記的成功率高，無意識記的成功率低。提高記憶最直接的方法，就是促進「有意識記」，加強大腦對於資訊的第一印象，使大腦主動地開啟記憶程式。

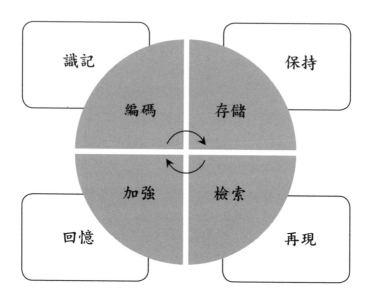

知識的記憶流程

第一：識記──**編碼**

我們的感官系統對於外界的刺激並非悉數接收，不會不加以辨別便全部輸入大腦。因此識記資訊時大腦有一個編碼的步驟，即精準地識別資訊，記錄資訊，把那**些應該被記憶的內容**挑選出來。

大腦主要靠經驗和感知去判斷要選擇哪一些作為編碼的對象。比如閱讀一本書，你會重點記憶那些好看、專業和能解決問題的內容，這由你的經驗和閱讀時的感知來決定。為了提高編碼的效率，我們要保證自己擁有一個完整的知識系統，能對

資訊進行系統性的程式化處理，接觸到的知識進入大腦前都會被自動化地歸類。

如果你的大腦缺乏知識系統，在對資訊識記編碼時就會遇到麻煩。這就是有些人不僅老是記不住知識，而且連該學習哪些知識都搞不清楚的原因——**他們連自己該學什麼都不知道。**

第二：保持——存儲

存儲資訊就是大腦形成神經回路的過程，也就是使神經元的連接越發緊密並產生固定格式。這個格式就是神經回路。我們的眼睛、耳朵等感覺系統獲得資訊以後，先儲存在「感覺區」內，時間非常短，此時尚屬於短期記憶，也叫第一印象，等待大腦加工處理，然後把資訊傳入「海馬區」。在這裡，海馬神經的細胞回路網路受到連續的刺激，加強了突觸的結合時間，資訊停留的時間被延長了，便產生了「第一級記憶」。

舉個例子，當你看到一個詞發現自己不瞭解，隨後就去做別的事，對這個詞的記憶就停留在「感覺區」，它屬於第一印象。如果就此打住，不久大腦就會把它遺忘或擱置。你從網路上看到一部電影的片段，覺得很好看，但你沒採取進一步的行動，接著看別的影片，於是很快就想不起來這部電影的名字。如果你沒有去做別的事，而是打開 Google，找到了這個詞、這部電影的詞條，簡單地看了幾眼，瞭解到了大致內容，此時就是「第一級記憶」。接下來，你認真地瀏覽內容，尋找自己

需要的部分，就會進入「第二級記憶」。神經學專家認為，蛋白質參與了這個階段的資訊保留，意味著資訊將被使用，大腦對它真正重視起來。你將記住這部電影的名字，並且很可能會到習慣的線上影音平台找來安排時間觀看。

當你繼續詳細地瞭解相關的內容，並且反覆閱讀和做筆記時，大腦的記憶機制就會推動產生神經回路網路。知識是怎麼成為記憶呢？是新突觸的聯繫比過去更頻繁地增多了，聯繫越多，記憶就越牢固，知識在大腦內就會更長時間地保持和存儲下去。

第三：再現——檢索

當我們需要輸出知識時，對記憶而言一個重要的變化將會產生。如同平地起驚雷，大腦將開啟管理知識的新模式——**從單向的輸入轉變為同步的輸出和輸入**。輸出知識時，我們的大腦內要準確地再次呈現神經元反映的資訊，指導合成資訊蛋白並把知識再現出來。在這個過程中，我們還要從大腦中找到資訊，檢索那些關鍵的部分。

比如你用一個月讀完了一本財務管理方面的書，這時有人過來請教：「我也報考財務相關科目，你讀的這本書怎麼樣，能跟我分享心得嗎？」你會發現自己的角色瞬間發生了改變，從一個單純的學習者變成了要對別人傳道授業的教師。你不再是「學生」，而是其他人的「老師」。過去 30 天學到的財務

知識，此時要把它們一一找出來，還要濃縮成一個可以簡單地向人闡述的版本，但又必須包含書中最重要、精彩的內容。

為了完成這個任務，大腦不得不進行一次緊急動員，從存儲區檢索這本書的所有的資訊，把它們全部找出來；不僅再現，還要二次組合。從記憶學的角度，這會讓我們的長期記憶保持得更為牢固，對知識的理解也會更上一層樓。很多人都有這個體驗，成功地瞭解了一個知識，過段時間回憶、溫習和重述時，會發現自己有了新的感悟。這就是再現和檢索在大腦中所起的作用。

第四：回憶——加強

我們學到的知識如果不加以複習，結果必定會遺忘。輸出就是一次高品質的複習，起到加強記憶和提煉核心知識的目的。通過有針對性的、反覆地輸出，長期記憶甚至可以轉化為永久記憶，做到終生不忘。我們在生活和工作中不假思索便能運用的知識，大部分都源于長期記憶或者永久記憶。

你用 20 分鐘向朋友介紹了自己剛讀過的財務書籍，講了大約 2500 字。這 2500 字包括概要、作者的權威度、重點知識、適合人群、應用方向等內容，解決對方所關心的問題的同時，你也為自己的學習效果又加了一把安全鎖，對這本書的理解更為深刻。過幾天重新閱讀這本書，你能獲得更好、更深入的體驗。

再比如，你需要記住一條投資原則來指導自己理財。這條投資原則有文字語言、圖片分析、還有大量用於計算的公式，是非常專業的知識。如果單向地輸入和機械地記憶，我認為你需要花很多的時間，幾個星期，甚至幾個月也未必能學習透徹並且掌握其中的規律。但是運用輸出的方式，找一位或數位朋友一起討論、把這條原則解釋給他們聽——整體講述或拆分成不同的小節，時間就會大大縮短，也許幾天的時間你就能對這條投資原則熟記於心。我建議你找那些不熟悉投資理財的朋友，這樣能減輕你在輸出時的心理壓力，增強表達的信心。

因為從記憶學的角度看，在輸出相關的知識時，等於我們的大腦不斷地重複記憶的四個環節：識記、保持、再現和回憶，一遍又一遍地深化這個知識，反推輸入，也加快記憶和理解。

場景和思維模擬

假如在輸出知識時我們能設計相應的場景，並逼真地模擬出不同場景中人們對應的思維方式，將強有力地刺激大腦的學習和記憶功能，在特定的場景輸出知識的過程中獲得意想不到的好效果。

- **模擬解說者的場景**：假設你正向人們介紹一門對他們很重要而且迫切需要暸解的知識，務必取得他們的認同。例如演講。

- **模擬備詢者的場景**：假設你正接受質詢和考核，必須回答問題和闡述對於某個話題／知識的看法。例如面試。
- **模擬傳授者的思維**：模擬老師或其他傳授者的思維去闡述你對知識的認知，別把自己當成學習者。例如講課。
- **模擬質疑者的思維**：類比懷疑／否定／質疑者的思考方式，想想他們會提出怎樣的疑問，然後逐一解答。例如辯論。

　　對場景和思考模式的模擬十分有趣，我們在童年時經常這樣互動、玩遊戲、或者熟悉某種規則。我們會假設模擬一對夫妻的生活，構思對話；假定正進行一場戰鬥，指揮官對士兵發佈命令；想像自己是科學家，對組員們解釋如何才能飛上月球。為什麼成年後這些行為卻消失了？難道是因為這麼做的效果不好，這些舉動過於幼稚嗎？不是。是我們失去了毫無顧忌地探索未知的勇氣，並埋葬了內心最富有力量的那種純真的熱情。現在，是時候把它們找出來並且重新賦予動力了。

　　美國心理學家白斐歐（Paivio）在 1975 年提出了關於長期記憶的「雙重編碼」理論。他說：「我主張對文字資訊的處理以語文資訊（verbal information）為主，**即抽象理解**，對非文字資訊的處理以視覺資訊（visual information）為主，即**圖像理解**。例如一只手錶，它是非文字資訊，我們可以在大腦中直接產生一個手錶的圖像，然後再表達為計時工具。手錶的圖像是視覺資訊，計時工具則是語文資訊。記憶時這兩種方式同時

起作用，平行和緊密地聯繫，必要時也相互轉換。通俗地說，大腦會為自己看到的、記住的任何一樣東西同時給予一個抽象理解和圖像理解，就像我們在圖片旁邊做文字的標注一樣。」

這和費曼的主張異曲同工，但費曼的方法相對又高了一個層級，他建議我們在學習中實施雙重編碼時創造一種類比環境，為資訊設計一個扎實的落腳之處，而不是孤立地等待大腦的輸入。簡言之，我們要把學習對象放到一個應用場景中，將自己放到一個需要表達它、分析它、理解它的實實在在的角色上。

比如，你看到一篇文章寫得很好，內容值得我們反覆地琢磨和學習。你應該假設自己懂得了這篇文章的宗旨和價值，並把它告訴另一個人。就算只是大概的意思，也要好像很內行地把它講出來；說錯了也沒關係，因為我們最終的目的是記住這篇文章的抽象意義，也理解這篇文章的圖像意義。在模擬的過程中，這兩種意義都能從模糊到清晰地呈現出來，讓你長時間地記住它們。

輸出是主動學習

費曼認為，以教代學的輸出方式屬於主動學習，是拒絕等待著被知識垂幸而去主動地征服，是不想被知識選擇而去為知識建立一個具有自己標準的篩檢程式。這兩種態度截然不同，總是迅速地產生相差懸殊的效果。

> 「我發現，在同一條起跑線上，主動學習的人在 10 年後會超出被動學習的人至少兩個社會階級。」
>
> ——費曼

　　這個結論有據可查。很多世界知名的機構針對學習與成功的關係做過不止一次的資訊調查，收集了數萬名企業家、專業經理人、白領階級和藍領階級的學習經歷，瞭解這些人的學習方式和成就。最後發現，那些頂級企業家和優秀經理人早在成功之前──甚至很小的時候──就建立了主動學習的習慣，有很強的表達和輸出知識的欲望，從不死記硬背。當年和他們一起讀書的校友中，習慣於被動學習的人如今大部分籍籍無名，和他們已不在同一個社會階層。我們都知道「學習改變命運」這句話，實際上正確的說法應該是：**「高品質的主動學習才能改變你的命運。」**

　　因為在主動地輸出知識時你會不停地思考：「我怎樣才能讓對方聽懂？如果要讓對方聽懂，我得使他明白最重要的知識是什麼，我得用他能聽懂的語言。不過對這個知識點我好像也不太明白，這是為什麼？」

這是一種無法推卸的壓力，是大腦承接的一項重大任務，它認可並主動地告訴你去查閱資料，溫習知識，有針對性地理解學習的內容。向別人講述的過程中你一定遇到一個問題，那就是講到一半時忽然發現自己的大腦一片空白，不是說不下去了、就是只能重複某些內容，好像一輛汽車在高速公路上迷航，只得在路肩原地徘徊。這恰恰是在提醒你——你所學到的知識中有的內容你尚未掌握，必須回頭重新理解。

Chapter 14 第二次複述

現在很多人的學習存在著一個非常突出、難以解決的問題：投入比產出低。課堂上的老師賣力又辛苦，學生自己也覺得又累又痛苦；不管是教還是學，雙方的效率都很低。在學習者眼中，自己早起晚睡付出了極大的努力，卻得不到應有的回報，由此還會抱怨：「為什麼比我笨的人成績比我好？」原因不外乎我們已經討論過的，如果你只是單純地學，對自己實施「強灌式」的輸入式策略，吞下的知識越多，消化的知識就越少。

最好的解決方案就是改變傳統的學習方式。在費曼學習法中，要格外重視第二次複述——**第一次複述是把自己當作傾聽者，第二次複述是進入一個真實的傳授知識的場景，向別人甚至多個人闡述你對某項知識的看法。**這不僅可以有效地學習，使學習的效益發生翻天覆地的變化，還能達到集體討論的目的，從聽者的回饋中獲取有益的資訊，然後開展創造性的學習。

被譽為近代教育之父的捷克教育學家、心理學家約翰·阿摩司·康米紐斯（Jan Amos Komenský）有句名言：「興趣是我們最好的老師。」開展複述時一定要貼近自己的興趣，圍繞自己的愛好：

- 我最感興趣的部分是什麼？（個人的目標）
- 我最擅長的講述方式是什麼？（個人的優勢）
- 我最想跟對方交流的知識點是什麼？（與外界的聯繫）

　　圍繞這三個答案去展開複述，在與別人的互動場景中探求知識、催化自己的深度學習。興趣，是第二次複述時我們要重點解決的問題。有時你未必能在學習的過程中及早地發現自己最需要和感興趣的知識是什麼，但在向別人的闡述中通過高品質的互動，就能夠輕易地找到答案。闡述知識時大腦會以某種方式提示你——那些你理解得最透徹的知識點，可能就是你比較擅長的部分。

利用分組討論的機會

　　我很喜歡在跟朋友週末聚會時討論自己正在讀或剛讀完的一本書，推薦給他們。我會說：「最近有一本新書寫得很好，是講……的，書的主題是……，其中最值得讀的內容是……。你們感興趣嗎？」

　　這是第二次複述的完美場景，它最好是多個人，大家的時間充裕，人們願意耐心地聽你闡述一本書、一門知識或者一些學術問題。如果聽者沒有時間或缺乏心情，這種複述的意義也不大。在第二次複述中，我們不需要乏味的個人表演。

這是分組討論的特點。一方面，分組討論在我們學習中出現的機會不多，即便在學校中，也往往只在特定的情形下出現，比如由老師、社團組織，要抓住這個寶貴的機會；另一方面，參與討論的人在聽你闡述時，他們扮演著回饋、溝通、質疑等多種角色，有助於你及時檢查自己的學習成果。這比自己檢查的效果更好。

第一：「分組討論」是自主學習的一種高效方式

學習的「效能」永遠是我們追求的很重要的一個目標，這是費曼學習法主張「以教代學」的根本原因，因為這樣做能最大限度地加快學習的速度，提升學習的效能。你可以向一個人分享知識，也可以對一群人。所以我在教學工作中經常嘗試讓學生進行分組討論，我做一個引導者，然後鼓勵他們在小組中主動發言，表達自己所學的知識，甚至互相爭論。我也希望學生能定期自己舉行這種討論，而不是由外界推動。比如，最好成立針對某一學科乃至某一門知識的讀書會。

當他們在校外、出社會、參加工作以後的自主學習中，也一定要盡可能地創造分組討論的氛圍，將此養成良好的終生習慣。這種多人參與、互相說明的學習方式極大地激勵了他們的主動性和積極性。我去企業參觀時發現，企業在開會時讓員工當眾解釋自己的創意，向同事推演自己的思路，這也是以教代學的一種方式，能促進他自己的進步。

第二：幫助你設計複述提綱並且準備一些問題

分組討論和一個人對自己複述不同，不太能容許錯誤發生，需要做好充分的準備；一個人對自己複述知識時，你可以天馬行空，想到哪兒說到哪兒，說錯了也沒關係。在那種自說自話的場景中，你扮演的是「萬能上帝」的角色，隨心所欲、無所不知；但對眾人闡述你對知識的見解時，就要注意各方面的問題──你不再是上帝，而是接受檢驗的演說家。你必須有一個完整的知識框架、有嚴密的敘述邏輯、有清晰的立場和觀點、有精練的語言和表達、有準確的定位、有深刻的個人見解……。分組討論的場景要求你提前設計好複述的提綱，還要準備好一系列的能與聽者展開互動的問題。

因此，要帶著一個優質的清單做第二次的複述。在分組討論的過程中，針對提綱中的概要和一系列的問題，條理分明地講述、引發人們的討論，然後各自發言，互相提出問題，再進一步瞭解所學的知識，更正自己的錯誤認知。絕大多數的分組討論都是有益的，最後你能自己進行總結：學會了哪些內容，理解了哪些觀點，收穫了哪些新的知識。

第三：從聽者那裡獲得中肯的評價和異議

第二次複述還有一個重要的目的，就是從聽者那裡收取評價，最好是異議。我在跟朋友討論一本書、一種理論或概念時，除了闡述我的看法，最希望聽到的就是激烈的、相反的觀點。越尖銳越好，越矛盾越好。這能打開一扇全新的視窗，引

發我做進一步的突破性的思考：

- 他們為什麼反對我的看法，是因為我的講述方式，還是知識本身的觀點？
- 他們的評價基於什麼理由，那些理由是否站得住腳？
- 為了驗證他們的觀點與我的矛盾，我需要怎樣複習相關的知識？

這些思考將我的學習提到了一個很高的水準，進入了更高的境界。從朋友正面的肯定和反面的否定中，我能清楚地看到彼此對於同一個知識的理解存在哪方面的差異。這就是學習中非常重要的突破口——差異意味著問題，解決問題就是在獲得智慧。

每個人不管做什麼，做得好不好，內心都渴望得到別人的肯定，不想聽到反對和批評的聲音。因為肯定帶來的是成就感，反對和批評帶來的是挫敗感。尤其在學習中，別人的肯定能讓人們獲得成功的喜悅，也會增強繼續學習的信心。

反之，就會打擊學習的動力和自信。但是，如果全是肯定甚至只是一味吹捧，這種不實際的「成就感」也會讓人自我麻痺，誤以為自己已經精通這門學問，還可能自我感覺良好，誤以為自己的智力已經可以無所不能、無所不知了。

什麼是中肯的評價？第一，高品質的評價。聽完你的複述後，對方經過認真的思考，說出他自己的真實看法，評價有料、有建設性、有他自己的邏輯，這能激發我們在溝通交流中的二次思考。第二，評價客觀。對方在做出回饋時不帶傾向性，既不有意地示好，也不故意地找碴，本著實事求是的態度給出他的見解，這能與你形成良性的互動。

異議的標準也是如此，對方的反對和批評意見可以提供一種新的視角，幫助你彌補自己在思考方面的軟肋。沒有人能每件事都面面俱到，天才也不行，小組討論就是為了利用他人的思考為我們的學習查漏補缺，插上一對有力的翅膀。

為知識注入你的靈魂

沒有靈魂的知識就像路邊枯萎的樹葉，看似脈絡分明，卻早已失去生命力。日本經營學堂「盛和塾」的創辦人、著有《在蕭條中飛躍的大智慧》一書的稻盛和夫說：「講述你的夢想，必須為語言注入靈魂。」第二次的複述要求我們從心出發，在闡述知識的同時也是在建設和展示自己的心靈品質，讓聽者能從中感受到積極的心靈力量。要理解學習的意義，全身心地投入學習，才能從學習、從知識中得到幸福，因為我們的靈魂與知識達到了合二為一。

- 第一，**體現獨具特色的語言技巧**：使用你自己的語言表述知識，而不是原封不動地背誦。

- 第二，**結合現實闡述你對知識的解釋**：不僅把知識複述出來，還要讓它在現實中實際應用。

- 第三，**表達出你個人的分析和見解**：複述不是木然地跟著唸，學習也不是當印表機，要為知識注入你個人的理解，並且通俗易懂地對別人講出來。

死讀書的人不乏記憶的天才，他們過目不忘，學東西很快，但這種學習充其量只是在機械地背誦和死板地存儲。只有在記憶的同時還能為知識刻上自己的印記，學習才擁有了靈魂，知識也具備了新的活力。這麼做需要有更大的毅力，因為你要對知識理解得更深，沒有人監督，沒有人鞭策，必須啟動強大的意志力來確保自己一邊學習一邊思考。本節提到的第二次複述時舉行小組討論的方法，為我們提供了一個較為省力的路徑。

費曼技巧：輸出原則

　　為什麼知識輸出這麼重要？因為學習要有致用的出口。有個成語說：「學以致用。」這四個字包含了學習的目的，同時還告訴了我們一條學習的策略，那就是結合「應用」來學習，這和費曼的輸出原則是同一個道理。現實中為什麼許多人學了大量的知識卻感覺毫無用處？不是這些知識無用，是他還沒有建立一個穩定的「輸出系統」。

　　美國物理學家班傑明・富蘭克林（Benjamin Franklin）年輕時在印刷廠當學徒，工時長、收入少。他不甘於這麼碌碌無為，而是希望有朝一日自己的作品也能刊登在報紙上。想實現這個偉大的目標，就得刻苦地學習。

　　富蘭克林是怎麼做的呢？

　　首先，他把報紙上的文章剪下來，讀完一遍再抄寫一遍，抄在散亂的紙條上。然後，他再把原文放到一邊，打亂這些紙條的順序，讓自己忘掉原來的順序，再重新排列它們。經過反覆的練習，他就理解了這些文章，也懂得了如何去創作一篇好的作品。最後，他又提高難度，不是排列紙條的順序，而是在一張白紙上默寫自己讀過的文章（複述），默寫的時候不由自

主地便加入了自己的文字。一段時間以後，他的文章便刊登在了報紙上。

在費曼技巧中，輸出知識（以教代學）不是單向的一方向另一方傳授知識，它是一個雙向的過程。根據費曼的理論，我們可以總結出五個輸出原則（如下圖）：

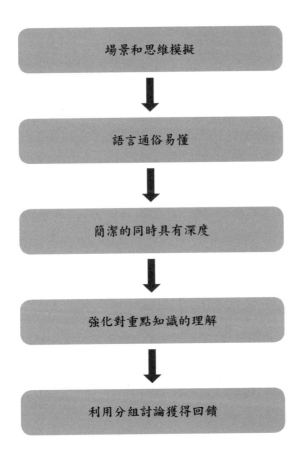

這五個原則是一個遞進同時又互相聯繫的學習過程，如果要實現學習的高效能，它們缺一不可。學習的目的是為了讓自己的知識有一個在現實中使用的出口，而學習的品質又取決於你能否在學習中擁有這麼一條路徑。

　　只要是有系統地學習和掌握一門知識或技能，就必須為這門知識或技能找到一個或者多個出口，去輸出它們、使用它們。經過這個階段的練習，你學到的知識才能真正地變成你擁有的一種本領，轉化為你自己的智慧。

Step · **5**

回顧和反思

關鍵字 **回顧**

透過回顧和反思，對學習的不滿意之處進行校正，發現
缺口，並用更精練的語言概括自己掌握的知識。

Chapter 16　懷疑和探索讓你更聰明

在第五部分，我們將要一起探討費曼學習法中從「學習知識」到「轉化知識」的關鍵部分——如何將正確的知識從龐雜而具有欺騙性的資訊中挑選出來。當你記住了一個概念或知識點時，怎樣才能把它真正變成自己的東西，或者融入自己的知識體系？我們必須要做的第一件事，就是在複述完了之後回頭檢查、審視和總結。檢查自己是否闡述正確，審視這些知識是否存在不易被發現的問題，並且總結前面幾個環節的經驗和教訓。

我有兩個特別要好的朋友，時常一起在週末聚一聚，討論過去這一周的新聞，分享好的書籍。每次只要我有什麼感悟，就會跟他們交流，表達我閱讀、瞭解一條新聞、一門知識或一本書的觀點。有時候，我在闡述的過程中也很尷尬。因為我明明對一些問題有著很強的表達欲，心中的理解也非常深刻，但需要用通俗的語言說出來時，就會詞不達意，或者突然心存疑慮，對自己的觀點失去信心。

還好朋友和我早已相熟，與我心有靈犀，建立了良好的討論習慣。每次稍微提及某一個點、說到某一個詞語，他們立刻便知道我想說什麼。但這讓我感到難過，有些知識我花了很長時間理解，總結了不少的觀點和其他的想法，甚至做了筆記，

卻在當面討論時有相當多的內容無法及時地表達出來，朋友也猜測不到真意。這說明我的學習還是有所不足，必須回頭重溫知識。

一般而言，我對這樣的局面有兩種解決辦法可以選擇。第一，當時就重新梳理內容的邏輯，和朋友展開深入的探討，思考知識背後的問題，一起消除困惑；第二，我當下暫時不提，回去之後再專注地重新學習和理解，整理一遍思緒，完善自己的觀點。第一種思路是當場解決；第二種思路是事後解決。

這兩個方法的作用是一樣的，就是**補缺和查漏**，對學習過程中的不滿意之處進行訂正，開展二次學習，使我們對於知識點的理解更深，對於問題的看法更成熟。

費曼認為，當我們學完一個知識後總以為自己懂了，可其實只學到了皮毛。在此之下還有大量的內容是我們所不知道的。這是經常發生的事情。儘管你已進行了一次和二次複述，或對其他人在很多場合闡述了這些知識，也仍然會有你未曾理解的內容。這些你還不知道的內容用一個專業名詞來形容就是**「盲維」**。

※ 編按：由《21世紀商業評論》發行人吳伯凡於 2018 年在《認知方法論》所提出，意即「認識和理解某一事物時，從來沒有意識到的思維角度」。

「盲維」是我們沒看到的角落，也是我們未想到的地方。比如你走進一個陌生的房間，每次進去只能待 1 分鐘。第一次進去時，你能描繪房間 30% 的特徵，裡面是落地窗，廚房很整潔，有兩張床，一張餐桌。但你沒注意到是否有冷氣和洗衣機，以及沙發、餐桌和床的材質。第二次進去時你注意到了電器和沙發，能說出它們的品牌、顏色等特徵，但你沒留意房間內有幾個插座，浴室裡的熱水器和蓮蓬頭是否好用，廚房的瓦斯爐是否安全可靠。直到第三次進去，你才掌握了這些資訊。

實際上，你的觀察一定還存在著許多盲點，只不過你暫時沒有注意到。只有在裡面住上幾天，你才能完全地瞭解這個房間。

學習便類似於探索一個陌生的房間。盲維越大，你對知識的瞭解就越淺，在輸出知識時你的表達力就越欠缺，聽者也難以從你這裡第一時間理解你所講的內容。消除盲維的過程，正是我們對知識採取懷疑和深度探索的環節──懷疑那些令自己感到困惑的知識，探索那些仍未搞清楚的知識，而且要主動地回顧和總結，反思和修正。很大程度上，如果沒有一個主動的學習態度，許多極其關鍵的知識點是永遠不會被我們所理解的。

不主動地懷疑和探索，不管讀了多少書，背下了多少理論，你學到的永遠是皮毛。

> 「只有在運用知識去做事時你才會發現，這項知識為何我沒有印象？這時你才意識到自己並沒有真正地理解所學。」
>
> ——費曼

重新對比資料和事實

如果在向別人簡報時遇到了**問題／麻煩**，解決方法是什麼？你應該做的第一件事既不是否定知識，也不是為了維護自己的正確性而竭力辯解：「不是我沒理解，是你們沒聽懂！」這是你本能地想做的事情，但千萬別這樣，這只能讓人們覺得你是在強詞奪理，不懂裝懂。你應該確保自己所闡述的知識是正確的，或者必須要能夠自圓其說，具有清晰無誤的邏輯。為此，要重新對比已經掌握的資料和事實。

第一：重新檢查知識庫

在學習的過程中，我們對一個理論形成了知識庫，即有關於這個理論的所有資訊，包括立論、論據、論證邏輯、其他資訊等。這個時候，你要把它們全部調出來，列一個清單，進行重新檢查。檢查的目的是看看自己是否有遺漏，找出理解上的錯誤、記憶有誤和事實不清的部分。

第二：重新驗證知識的關聯

世界上所有的資訊和知識都不是孤立存在的，它們是互相緊密聯繫和具有邏輯性的。所以如果學習時你只記住了某些單一的知識點，在告訴別人時對方會很困惑，你也自覺邏輯上說不通。這時就要把知識點之間的關聯性找出來，把不同的資訊串聯起來。比如，你記下了經濟學的許多常識和定律，但沒有理解它們在經濟體中的各自的特點，複述這些知識時你就會感到空洞無物，因為脫離實際社會的經濟學是毫無生命力的。你要重新學習它們在經濟體中的細微或巨大的差別。就像計畫經濟和市場經濟的區別，貨幣超發和金融開放對經濟安全的影響等，闡述這些知識離不開具體的社會與經濟體制。

假如我必須把一個高深的理論知識講到連小學生都能聽懂的地步，首先就必須逼迫自己去思考和探索這個理論或知識的本身究竟有沒有問題，我自己是否真正的理解？如果我都不理解、不清楚它的本質，又怎麼才能把它講得通俗易懂，小學生又怎能聽明白呢？因此，在回顧學習的成果時，對知識的資料和事實進行對比是十分重要的。要在**知識和現實**之間找到或建造一個堅固的橋梁，否則你只能充當一個**缺乏趣味的朗讀者**的角色。

如果正確

經過對比查證，會出現兩種結果。第一種結果是「知識正

確」，我們再一次加強了對知識的理解。例如，有一次我向朋友分享一則關於科幻電影《星際效應》中主人公駕駛飛船進入蟲洞的情節和我的理解。我讀了相關的書籍，也仔細觀看了電影，然後告訴他們，蟲洞屬於四度空間，它在三度空間的投射是一個球體，其中加上了時間這個維度。說到這裡我突然腦袋卡住了，不知道該如何解釋這個球體是怎麼形成的，電影中的解釋我已經忘了。

朋友也聽不明白：「看上去是個球體，這沒錯，可我不知道為什麼。也許書上說的不一定對，畢竟誰也沒真的觀察到一個蟲洞在宇宙中出現。」我想，自己需要再讀一遍書了。翻回相關的章節、重讀一遍內容，又看了一遍電影。我發現科學家的分析是對的，邏輯嚴密、有充足的科學依據，是我自己的理解和表述有誤，遺漏了關鍵的資訊。

在重溫的過程中，我對正確的知識形成了深度的理解和產生了「長期記憶」。這是費曼學習法中一個富有積極效果的環節。

如果不正確

第二種結果是「知識不正確」——這經常發生，也是需要引起格外重視的情況。我們在回顧時發現自己在學習中疏忽了一些關鍵的事情，導致我們對知識的理解出現了偏差，或者原

知識本身存在一些問題而起初沒有發現。這時你就要謹慎地尋找原因。出現偏差的原因是什麼？原知識中的哪些資訊是存在問題的，為何第一遍學習時自己沒有意識到這一點？

第一：是自身知識的欠缺導致了理解的偏差？

我們在日常的生活、工作和學習中積累了越來越多的知識，包括從書本、專家、分享平台、自身閱歷和周圍的環境中接觸到的各種常識、思考模式、技能，以及處理問題的公式。這些知識就像一張密不透風的大網，會影響人在未來學習中的認知能力。哈佛商學院的一項統計表明：有 68% 的人很努力地去學習一門知識卻仍然不得其門而入，原因是他的知識儲備還不足以理解這個知識，而不是知識本身的問題。

舉個很簡單的例子，你學不會微積分，甚至看到微積分就頭暈目眩，不是切線、函數、微分、積分等這些知識點講得不夠清楚，而是你不具備高等數學的基礎，因此接觸到相關的知識時缺乏足夠的理解力。就好像我們因技能的欠缺而導致工作上的失誤一樣，即使你對此深思熟慮和計畫周密，恐怕也很難有一個預期的好結果。除了更加努力腳踏實地的提高相關的知識基礎外，並無其他的解決辦法。

第二：是原知識的觀點和邏輯存在問題？

我們學習時會遇到這種情況，理解了一個理論然後去實踐中貫徹，卻發現與事實不符。不是學習的方法不對，是知識的

觀點和邏輯存在一些問題。這時，你就要反思自己篩選知識的環節，是否從錯誤的來源獲取的知識，是否沒有充分地對比驗證？

比如：你所學的知識源於開放式的網路分享平台，由於開放式平台人人可發佈和可自由編輯的特點，決定了上面的資訊良莠不齊，有真有假。輕信了這上面的知識，再用這些錯誤的知識去處理和解決問題，當然很容易在現實中碰壁。

所以，我們一定要擁有對學習的修正策略，時刻查補自己在學習中出現的各種問題。如果是自己的理解錯誤，我該怎麼辦？如果是知識本身有問題，我又該怎麼辦？準備好相關修正策略，才能及時對錯誤的學習踩下剎車，回到正確軌道。

用於修正的策略

除非我們準備降低學習的難度，調整自己的學習計畫，從最基本的知識學起，否則你只能理性地評估自己的理解能力，仔細地檢查和羅列出一張「學習清單」，先提高知識儲備。比如，準備學習微積分的人需要補充高等數學的基礎知識，準備學習投資理財的人需要先瞭解最基本的市場知識和投資規則等，並且注意篩選可靠的知識來源。等你具備了較高的知識理解能力和善於尋找正確的知識來源時，學習的正回饋才會增加。

保持一點不安分的好奇心／懷疑一切定論

好奇心有多重要？在學習中，「好奇心」可以幫助我們對未知的領域保持強烈的興趣，同時也會對未知對錯的知識產生懷疑：「這個概念真的像作者說的這樣嗎，能否經得起分析驗證？權威和專家的定論就一定是對的嗎，難道沒有相反的結論，在其他應用場景中是不是會水土不服？」如果你在學習時缺乏這樣的好奇心，就容易囫圇吞棗，不分良莠地接受所學的一切知識。

在與知識有關的日常討論中也是如此。假如你和同學、朋友都十分認同書中的一些觀點，或者某種學術立場，你們能夠毫不猶豫地在同一時間分享類似的感想，互相堅定立場。你也很確信自己的複述肯定能獲得聽者的認同。這意味著你對知識的理解和別人的看法完全吻合，是學習效果非常好的表現——通常人們是如此認為的。

然而，這是否過於巧合？有沒有其他的可能性？

- **第一種可能**：你們學到的知識沒有出現任何爭議性的問題，雙方相當一致。這是我們最希望看到的結果。
- **第二種可能**：事情沒有這麼簡單，你和朋友的觀點並不是源於第一手的知識，而是道聽塗説或未經證實的二手資訊。「知識」在強傳播下的誤導性很大，大部分人都深信不疑。

- **第三種可能**：你和朋友／聽者都已對這些知識進行過充分的懷疑、對比和探討，然後通過獨立的思考與嚴謹的論證得出了相同的觀點。這也是一個好結果，但大部分人其實很難做到。

人們在學習時的思維同時受到「經驗」和「好奇心」的影響，學習的狀態始終處於兩者的中間地帶，也就是經驗和好奇心同時在發揮作用，但又不承擔責任。想想看，我們平時思考問題時是不是這樣？對陌生的新鮮事物既有強烈的好奇心和想像力，又深受經驗的局限。這種情況下，當你在學習中得出一個判斷或結論時，大腦並不清楚這是經驗的結果，還是好奇心的創造。有時經驗和好奇心也會打架——這種現象經常發生，經驗告訴你這個知識有用，好奇心卻讓你保持懷疑。處於它們的中間地帶時，你也許很難做出一個明確的判斷。

比如，我們讀書時都有一種體會，書中的某一段內容或是讓自己感到困惑，或是不太符合自己的經驗，需要重點思考和做出與經驗不一樣的理解。然而，大多數時間我們最終並沒有做出這個決定，翻了幾頁之後，就放棄了重溫那段內容或進行深入思考的想法。這是因為我們還沒有形成在學習中戰勝經驗的慣性，養成敏銳地捕捉一切「爭議點」的好習慣。

經驗可以通過生活和工作中的實踐獲取，理論可以通過讀書和在課堂上提高，但如果沒有好奇心，你就不能積極主動

地對比不同的觀點、懷疑那些無法確定的觀點，探索未知的領域。學習中我們應該讓自己化作一隻好奇心滿分的貓，對所有的疑問保持一百分的探索精神，學會追根究柢。

在學習中，經驗保證你的基礎，好奇心則決定了天花板。

發現缺口

每當在讀書中發現一些問題的「缺口」時，我就會感到莫名地興奮。什麼是缺口呢？首先，是較為獨特的知識，包括其他書籍沒有的資料、未論述到的事實和與眾不同的觀點；其次，是能引發我深入思考的知識、補充我所不足的知識論點等。比如，我在別的地方學到了一些知識，始終有迷惑不解之處，在這裡卻能得到答案。或是某個特定的資訊觸發了我的靈感，或是某段解釋闡明了相關的原理。當然，其中也包括一些「錯誤」，知識中的「錯誤」也是非常寶貴的缺口，能夠幫助我們發現懷疑的切入點和探索的立足點。

> 古代有些繪製地圖的畫家為了保護自己的作品著作權，會在地圖上故意畫錯一個無關緊要的地方。假如別人繪製的地圖上面也有這個錯誤，說明這一定是臨摹抄襲。通過對比，人們就知道誰才是第一個畫這幅圖的人。

在知識的對比中尋找像金子一樣寶貴的缺口，是最能幫助我們加深對問題的理解和探尋到真正知識的方法之一。「對比」是什麼？舉個例子，假如全世界只剩下了一個女人和一個男人，他們會怎麼打扮自己，評判對方的形象？還能像現在這樣非常容易地發現對方身上的缺點嗎？不會，因為評價的標準已經變了——**他們互相缺乏對比的參照物，到時候，「美」的標準只有一條，對方是自己眼中最好的異性。**

學習也是如此，我們一旦能夠就某一個點從不同的資訊來源得到不同的回饋，再輔以自己的分析驗證，很多「假知識」便不攻自破。回顧整個人類的知識進步史，數千年來各個時期的知識份子也是在這種連綿不斷的**對比、懷疑、探索、反思和總結**中實現了文明的反覆運算進化。因此，學習時不要迷信知識，同類的知識也不要只去學一本書、一個人的觀點和一種論證的邏輯，應該多方參照，反覆驗證，始終保持強烈的懷疑精神，才能探得真知。

回歸知識的本質

費曼曾經說：「我們為何學習呢？知識對我們究竟意味著什麼？知識的本質又是什麼？解決了這三個問題，我們也就找到了人生的答案。無論我們去學習何種知識，都能把它融入我們的生活場景中，化作屬於自己的力量。」

不懂得知識到底是什麼，知識意味著什麼，那麼學得再多也只是把它們掛在牆上或擺在好看的展台上當成欣賞的玩物。請好好想一想，你有沒有把知識當作玩物、把學習視為製造玩物的經歷呢？現實中不少人都是這樣的。學音樂知識，是為了讓別人佩服自己懂音樂，顯得有藝術細胞；學收藏知識，是為了向客人炫耀家裡的藏品多麼有價值；學天文知識，是為了讓朋友知道自己對宇宙的歷史十分精通；學美術知識，是為了在異性面前展示自己的藝術才能；學投資知識，是為了讓人們佩服自己的理財知識。

> 「知識的本質是人生的進步和成長，是我們與環境的融合並產生新認知的過程。從根本上說，知識是我們對世界的理解，並以此獲取的改造世界的能力。」
>
> ——費曼

但在現實中多數人並不具備這樣的認知。當你對這個世界知之甚少，極度希望學習瞭解世界時，你會從哪兒獲取知識呢？我們經常碰到的場景是，你會從媒體、父母、老師、書籍、企業或權威那裡吸收知識。這些管道本身沒有問題，問題是你可能從未對他們提供的資訊產生一絲一毫合理的質疑。

我生活中有不少朋友對待知識就是這種不加以分辨地全盤接受的態度，他們經常去參加一些培訓和講座，聽各行各業的菁英講課。聽課時他們無比認真，做筆記，訂計畫，下定決心提升自我，改變命運。他們一邊學一邊感歎：「說得真好啊！不愧是專家！」但是幾天後，也許就已經忘得一乾二淨，對學過的內容沒什麼印象了。

表面上看，這些朋友確實從學習中獲取了知識。實際上，他們以這樣虔誠的態度，是否從學到的知識中總結出了適用於自己的經驗？是否理解了所學的東西呢？事實告訴我們，大部分情況下並沒有。

思考一下這幾個問題：

- 為什麼聽完一場激動人心的演講隔天，你的行為模式依舊遵循著過去的習慣，生活和工作都沒有任何改變？
- 為什麼讀完一本管理學方面的書籍後，你其實並不會按照上面的理論在企業／部門中實踐？
- 為什麼你近十年、二十年的每一天都在學習，卻發現自己仍然不能清楚分辨是非黑白？
- 為什麼肚子裡積累那麼多的學問，考取那麼多專業證照，遇到棘手的麻煩時還是覺得自己缺乏解決辦法？

只要你有上述困惑中的其中一條，就說明對於知識的理解和對學習的認知還是處於比較膚淺的入門級別。具體表現在你學習的目的只是功利地解決當下的問題，沒有明確體認到學習方法、知識體系和思考模式的重要性，因而你的學習只是蜻蜓點水、流於表面；知識在你眼中的地位和家中的寵物、手機、電腦等這些物品相差無幾，拿來用一用而已，沒有領會知識的本質，也沒有深入地思考知識究竟能夠為我們的人生帶來什麼。

在我看來，只有我們意識到知識可以為人生注入的進步和成長因子，可以使我們的學習與思維產生的巨大改變，才能真正地愛上學習，並在學習中養成深度思考和辯證分析的好習慣，否則你的學習永遠都只能是一種「**表面的瀏覽**」和「**機械的記憶**」。

Chapter 17 尋找反證

　　我們在對學習的成果進行回顧和反思時，「尋找反證」是學習過程中的一個不可缺少的段落。即：我學到的概念是否符合科學規範？我學到的理論是否實用？我學到的觀點是否正確？我學到的論證是否嚴謹？以上內容能否從其他地方找到相反的「證據」推翻它們？

　　尋找反證的過程就是有目的地反思。反思不同於回顧和總結。因為回顧和總結是對學習的結果進行溫習與提煉，對學習的效果進行評估，反思則是對學習的品質進行解構，保證自己學到的是正確的知識。

第一：反思能夠幫助我們發現知識本身存在的誤區

　　第一個作用很好理解，我所有的學生都能提到通過必要和及時的反思在學習中可以發現一些論證不嚴謹的知識和自己理解有誤之處。讀完一本書、學到一門知識或技能後，不要著急去實踐和應用，先對所學的內容從頭梳理一遍，進行對比驗證，或者尋找相反的證據，看能否推翻這些知識。一旦發現與事實存在出入，就能以此為突破口，加深對正確知識的理解。

　　我們日常中很多的決定是依靠大腦的直覺做出來的，學習

時也時常依賴習慣，即基於我們平時累積的經驗或本能反應。但是，沒有任何經驗是完全可靠的。所以對知識進行反思，從不同的角度反覆推敲，也是在反思我們平常積累的經驗和過去的知識體系是否存在誤區，然後在學習的過程中彌補這些缺口。

第二：反思能促進我們在已有的基礎上產生新的知識

例如，在培訓課堂上你學習了提高工作效能的知識，專家圖文並茂地教給你十種習慣和五種思維模式，和你向來遵循的習慣與思考的方式不同，這就產生了新的知識。怎樣讓這些新的知識經得起事實的驗證，進而幫助到你的工作呢？就要一邊每天努力地實踐，一邊思考這些方法在實踐中是否有效。擁有了深度反思的能力，便能夠每天把新的要求和自己的行為進行對比，逐步地改進和成長。如果不懂得深度反思，大部分學了就忘，即使講給別人聽時頭頭是道，你也很難把它們應用到自己的身上。對於後者，我們可稱之為「口頭上的進步」：

> 談起一件事時出口成章、資訊豐富、見多識廣，一聽就是很有水準的人。人們在和他的交談中受益匪淺，對他很尊敬。但親自動手做起來時，他往往表現得一塌糊塗，讓人跌破眼鏡。

所以真正的反思必須結合行動，要在學以致用的時候實現對知識的檢查，督促我們去將經得起事實檢驗的知識運用起

來，轉化為我們的思想，內化為我們的實際能力。在反思時，可以通過聯想，將生活中其他的經驗、經歷與知識相聯結，發現它們的關係，重新認識和審視自己過去的表現，這就能夠把自己已有的知識重新組織，產生新的知識。

正像費曼在加州大學的一次演講中說的：「人和人之間的知識差距不是來自學習的資歷、年齡甚至也並非源於做實驗的次數，而是取決於對知識的反思、總結和昇華的能力。」在學習中若能持續地反思，將給我們帶來強大的競爭力。它能在極短的時間內使我們更透徹地理解和更準確地掌握學習的對象。

重視否定式證據

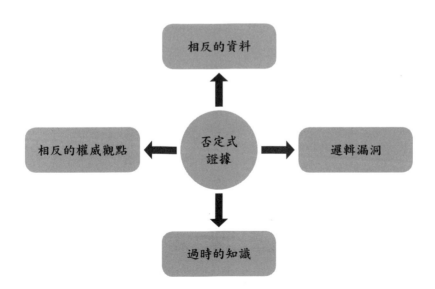

第一：相反的資料

這裡的資料不是由帶有某種傾向性的個人有意識地統計出來的資訊，而是公認或者科學的實驗資料，比如數十年來被證明行之有效的計算公式、權威部門的調查資料或者科學家團隊的研究報告。這一類的資料經常具有無可置疑的權威性。

第二：邏輯漏洞

如果知識本身的邏輯存在問題，從其應用或輸出中我們就能明顯地發現這一點。像經濟、管理或物理知識，一個嚴謹的邏輯常起到根本性的作用。比如，當從一些人口中聽到「世界經濟崩潰論」的理論時，我們很容易就能找出其中的邏輯漏洞，因為至少東亞經濟的整體局面是優良的。

第三：過時的知識

「對的知識」也未必是「有用的知識」。我們平時接觸到的很多資訊其實都是過時的，描述的是過去一段時期內的現象、規律或資料，雖然很準確，但已經不適用於今天。比如20年前的企業管理方法、財務知識、金融規律等，在當時是對的，能發揮很好的作用，但放到現在卻不符合事實，也沒什麼效果。所以一定要跟上時代的發展，優先學習最新的知識。

第四：相反的權威觀點

我們從專家那裡學到了一個理論，別因他的名聲、地位就毫不猶豫地接受，要先看看有沒有其他的專家、權威人士

的觀點與之相反，或對他的思路提出過質疑。這個世界沒人是100% 正確的。如果有不同的聲音，我們就要認真地研讀和分析，看看這種質疑是否有力，邏輯是否站得住腳。假如能找到許多這種反證，我們在學習他的理論時便要格外謹慎。

重視知識的「否定式證據」，即要求我們為學習搜集一切的「必備要素」，不能僅有正面資訊，還要有充分的負面資訊。如此才能**避免學習時對知識偏向單方面的解讀**。我們在學習時總是會被**特定的傾向**所困擾，要做出客觀的結論，就必須勇敢地打破這種傾向性，不能盲目地相信一種知識，不能迷信單一的知識來源。

最近幾年來，我對「**學習的能力**」這個範疇進行了細緻的研究和認真的思考，收集了數十萬份世界各國不同階層、大專院校和行業的資料，也深入瞭解了費曼先生的教學思想和在學習方面的觀點。

我發現人和人在學習中最大的差別從來不是優勝者擁有什麼絕密而不可示人的成功秘訣和驚人的天賦，而是他們在學習時養成了一些與眾不同的好習慣。他們既善於分享知識，也敢於質疑知識，反思自己的學習成果，不斷地挖掘和精進，才完成了從量變到質變的飛躍，將平庸者遠遠地甩在了身後。

教到一半卡住了：
回到理解不清的地方，找出薄弱環節

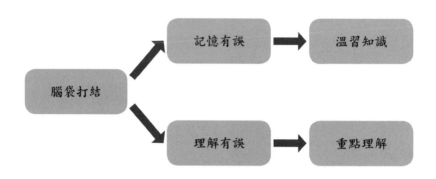

　　進行教學時，我們很容易發生腦袋打結、暫時卡住的「事故」，就像汽車在行駛途中突然故障了。有時候很尷尬，因為自己都沒搞清楚，別人又怎麼聽得懂呢？這時，停下來，先梳理一遍卡住的地方——到底是什麼原因導致了自己的停頓和困惑？如果是記憶有誤，有些關鍵內容突然記不起來了，便集中注意力重新溫習一遍相關的內容，加強對這段知識的記憶；如果是理解有誤，則要回到這段理解不清的地方，找出失誤之處，重點理解，彌補薄弱的環節。

　　比如，英語單字 lover 在多數語境中均指向「情人」而非「配偶」，busboy 其實指的是「餐廳服務人員」而不是「汽車售票員」。初學英語的人十分容易犯下理解的錯誤，遇到含

有這些單字的句式，**翻譯出來就完全變了味道**。這是我們在學習時很常見的例子。

另一種情況是，一些理論或概念較為**晦澀難懂**，理解起來有困難，我們也很容易卡住。比如，我第一次接觸到美國證券分析家拉爾夫·尼爾森·艾略特（R.N.Elliott）的艾略特波浪理論時，他以波浪的形態解釋「市場走勢總是不斷地重複同一種模式」的觀點，並提出了五個上升浪和三個下跌浪的統計週期。一開始，我總是誤以為這個理論的目的是為投資者總結一個可依據波浪走勢選擇買點和賣點的股價變動的規律，但每當要在實踐中驗證這個規律時，我就會發現有很多行不通的地方。

根據資料顯示，大量的股票並未遵循一種有跡可循的波浪模式，甚至在很長的週期內（諸如十年和二十年）也看不到有任何波浪的形態。於是我又回到艾略特的書中重新理解這句話，結合他的其他論述與市場的實際情況進行對比。最終我意識到，艾略特使用波浪形態意圖向人們表明的是，市場無論走出什麼形態，都可以用一種基本的量化模型去做分析，即市場分析理論。學習他的理論，重要的不是**找到一把鑰匙**，而是學會自己根據實際情況**製作鑰匙的本領**。

這是在學習任何知識時我們都要堅持的原則：將知識與現實相結合，使它能為己所用，解決當下的問題。

爭議是深度學習的切入點

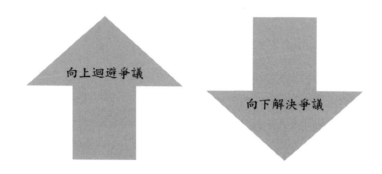

如圖所示，不管學習還是日常生活，遇到爭議性的問題，人們一般有兩種處理方式：

第一：向上迴避爭議

忽略或者繞過爭議，只去理解自己第一時間能處理的問題。這是一種大部分人採取的「淺學習」模式（也許您正在採取這種模式閱讀本書）。我們平時的閱讀中碰到有歧義的知識點，大腦本能地會選擇跳過去，它只喜歡接收那些淺白易懂的資訊。我們形容一個人看書很快時會用「一目十行」這個成語，這便是大腦採取了淺學習的模式在輸入知識，對所學內容只能記個大概，也無法形成長期記憶。

第二：向下解決爭議

沉澱下來化解爭議，從有爭議的知識點中獲得寶貴的智

慧。這是費曼在他的教學生涯中向人們推薦的「深度學習」模式。比如向別人闡述一個概念時，對方不認同你的理解或該概念的觀點，此時爭議就出現了。最好的辦法是與之以簡潔而直接的方式探討，雙方暢所欲言，交換看法。這樣做不但能解決爭議，還能加深你對知識的理解。

善於學習的箇中好手最喜歡有爭議。爭議意味著智慧，也代表突破口。我們想深入地理解和掌握一門知識，除了記住核心的知識要素、邏輯和架構，還要把重點放在那些存在爭議與問題的內容。這些內容不僅代表著知識的困難和弱點，同時還起了銜接其他知識、激發想像力、促使我們持續性地系統化思考的作用。

費曼接受採訪時舉過一則例子，他曾經從《自然（Nature）》期刊看到一篇論文，作者是天文學家卡爾·薩根（Carl Edward Sagan），薩根提到的地外無線電信號的證據引發了他濃厚的興趣。所有人都知道薩根是搜尋外星生命的狂熱支持者，對宇宙中存在眾多文明堅信不疑。費曼讀到了這一觀點，但他認為相關的內容不足以寫成一篇專業的論文。

「證據太蒼白了，就好像一隻蒼蠅飛過嬰兒的耳邊，嬰兒卻以為那是一個高級玩具。假如外星文明是我們要找尋的『玩具』，怎能憑藉一點點可疑的聲音就確信他們一定存在呢？想說服公眾，他還需要更多的證據。」

為此，身為物理學家的費曼從康奈爾大學的同事那裡獲得了一些相關的資料，詳細瞭解與外星生命有關的所有證據，並給美國天文協會和《自然》期刊寫信表達自己的觀點。他認為薩根在嚴肅的科學論文中加入了具有欺騙性的「滑稽的知識」，會誘導公眾和其他科學家做出錯誤的判斷。最終，費曼贏得了《自然》期刊的道歉，雜誌向他承認這是一篇「未經嚴謹評估就予以發表」的文章。

解釋這件事時，費曼說：「最好的學習是我們能從一個問題裡找到新的問題，你不喜歡、不讚賞、不認可的東西，那才是知識這頂皇冠上的寶石。如果你憎惡爭議，或者沒有「找麻煩」的習慣，就如同你扔掉了這顆寶石，只戴一頂漂亮但毫無價值的帽子。」

沒有「最可靠」的結論

這是一個正確的邏輯閉環，告訴我們別相信任何一種學術結論，哪怕是最權威的聲音，也不能奉為至寶或捧上神壇。在上面的迴圈結構中，知識是動態變化的，一方面我們不斷地解構它，理解它，另一方面也通過論證、懷疑和反思更新它的內容，使知識保持常新，盡可能地真實而客觀。

有個學生問我：「您覺得任何一種結論都不是最可靠的，包括我現在學的教材嗎？」他拿出一本《高等數學》和《材料物理化學》，「這些也要懷疑地學？」他一臉不可思議。

我說：「對，你當然應該記住上面的重點內容，理解它們，運用它們，但你要知道，所有的知識都有它的局限性。我們說一種知識是權威的，是說在當下的條件和環境中它是能解釋和解決一些問題的，但未來呢？在其他未經論證的條件和環境中呢？我們誰都不知道。

如果你學習時能擁有一種科學的懷疑精神，那麼你不但能很好地掌握這些知識，還有機會去創造新的知識，成為一名優秀的具有突破思維的學習者。」

和已有知識建立多角度的類比關係

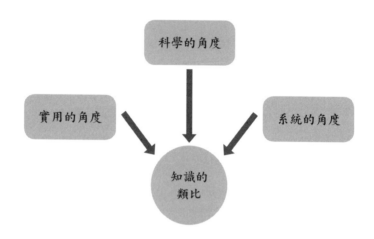

第一：科學的角度

科學的角度有兩個含義，一是邏輯嚴謹，資料正確，觀點合理；二是與其他資訊和知識的對比中經得起最為苛刻的質疑，在放大鏡下經得起百般的審視與篩查。很多人平時相信的一些所謂的生活和健康常識，比如維生素 C 預防感冒、素食者比肉食者健康等，就是不科學的知識。

第二：實用的角度

知識的實用性就是能夠付諸實行，從書本上的枯燥的理論與文字轉化為現實的具體的結果。我們不管去學什麼知識，其最終的目的都是為了獲得某種實用的價值，讓知識對自己的生

活、工作、情感乃至整個人生都有所幫助。哪怕是用來修身養性也是實用性的一種體現，就怕大費周章學完之後什麼收穫都沒有，學習這種知識只會浪費我們的光陰。

第三：系統的角度

從系統化的角度把新知識與我們既有的知識體系進行對比，建立內在的聯繫。費曼學習法中有一項必須遵守的原則就是，要用一種系統化的思維對待學習、對待陌生的知識。當我們新理解了一個概念時，不要把它作為孤立的個體存入大腦，要將它看作自身知識系統的一部分，和舊的知識做對比，去蕪存菁，也要汰舊換新，才能升級自己的知識水準。

在對所學的知識尋找反證的過程中，與自己已有的知識**建立多角度的類比關係**，有助於我們發現自身的不足與新知識的問題；同時也能將新知識融入自身的知識體系中，把它們銜接成一體。這也是一個保留科學、實用和系統化知識的過程。

Chapter 18

「內容留存率」決定學習效能

　　我們知道，生活中很多的事情均可以外包，但唯有「學習」是不能外包的。學習純粹是你自己的任務，沒人能替你代勞。學習也是我們立足於這個世界的最重要的一項**基本能力**。只要有強大的學習能力，一個身無分文的人也有機會成為世界首富。但如果你的學習效能很低，就是給你億萬的財富，也只能坐吃山空。

　　想提高學習的效能，就要提升自己學習的「內容留存率」。只有當學習的「內容留存率」達到 90% 以上，才能算是真正的高品質的學習。費曼認為，在回顧和反思的環節中，一件非常重要的事就是把我們學習的「內容留存率」提升上去。

　　什麼是「內容留存率」？首先，是我們記住知識的比例，也就是能把多少所學的知識轉化為長期記憶；其次，是能真正理解到的知識的比例，即能實質地掌握多少內容；最後，是這個比例不低於 90% 才可稱得上高效能的學習。

　　比如讀一本書，我們的大腦最喜歡的閱讀方式是什麼？一定是先找個舒服的地方，比如靠在軟軟的沙發上，吹著冷氣，

喝著咖啡，聽著音樂，然後隨心所欲挑選自己感興趣的內容。至於能記住多少，大腦並不關心這個問題，它在意的是**閱讀體驗**。大腦在學習這方面始終是一個追求安逸的懶惰蟲。

我記得幾年前自己想瞭解科普方面的知識時，買了很多書，抽出時間特地去閱讀，就是以這種缺乏自律的形式完成了整個學習的過程。有時碰到了很有吸引力的內容，大腦便能清晰地記下它們；但如果全篇的內容都很枯燥，讀完沒多久我就失去印象了。到需要我講述給別人聽時，我發現自己想不起來多少東西，學過的內容能記住的很少。

我們有超過 90% 的學習都是這種既耗費時光又成果乏善可陳的行為。與此同時，今天的時代又飛速進化，舊的知識正不斷地被新的技術覆蓋和吞噬，經濟和就業環境惡化，人們迫切需要從新知識中獲取新的競爭力，便一定產生愈發強烈的「**學習焦慮**」。越焦慮，學習就越容易四處撒網，分散精力，每一類知識都淺嘗輒止，學不精，也記不多，效能越來越差。

- **學習焦慮與知識的悖論**：焦慮讓人緊張，卻不能解決問題。當你對學習的焦慮感上升時，你吸收知識的效率就會下降。也就是你越想學好，結果就越學不好。

- **學習最重要的是保證效能**：無論對學習付出了多麼大量的時間，投入了多麼巨大的資源，這都不是最重要的。

最重要的是學習的效能——也就是投入的時間和資源的產出比。要看你記住了多少知識，理解了多少內容，並且把它們在實際的生活和工作中融會貫通。

遺憾的是，根據我與十幾家大城市的教育機構聯合做的調查研究發現，人們美好的願望總是與現實有著遙遠的距離，這個規律應驗於生活和工作中的各方面。我們想得很好，規畫得也不錯，真做起來卻發現不是那麼回事。

學習也是如此。儘管隨著網際網路和知識線上分享平台的普及，學習的機會和方式日益豐富，卻並沒有從根本上改變我們獲取知識的效能。學習仍然很不容易，想獲得真正的知識也依然艱難。

費曼曾十分幽默地評價這種現象：「好比一條從魚缸放出來的魚卻在大海裡無窮無盡的食物之中餓死。可見簡單的事情真做起來也不易，就像我們要把一個最普通的物理知識介紹給小學生一樣，我們都知道蘋果從樹上掉下來是因為地心引力，可是為什麼無法讓他理解這個原理呢？」

不是學得越多效能就越高

在我們**學習**和**學習的行為**之間，之所以存在著**鴻溝**，主要原因便是不知如何去增大「內容留存率」。有個學生向我訴苦

說，有時覺得時間緊迫，任務繁重，太多的書要看，題要做，心態就急躁，行為就變得盲目，於是便忘了預先制訂的學習計畫。他花幾天的時間鑽研幾萬字的資料，廢寢忘食，可能只理解了三五千字的內容。這項工作重複下去，實在沒什麼價值，心灰意冷之下他就放棄了對這門知識的學習。這讓他的成績很差，對未來感到悲觀。這種現象反映了五個方面的問題：

第一：在選擇知識上的心態浮躁

人們在學習時一方面希望獲得有深度、有營養的內容，另一方面又總希望這些知識通俗易懂，一看就會，容易上手。所以選擇知識時心態浮躁，總想一步就登天、快速成功，靜不下心來專注地理解自己的學習對象。

第二：在學習過程中的行為盲目

學習的過程中人云亦云，臨時起意，看到別人的推薦或大家都在學的東西，立刻放棄自己正在進行的計畫，也跑去學那些內容。這種盲目還反映出自己並沒有一個明確、堅定的學習目標，也不知道自己究竟需要哪些方面的知識。

第三：不善於學習管理

制訂了學習計畫卻不能嚴格地執行，比如下定決心讀一本書，安排了週末的時間，臨時又被朋友叫出去打球；熱衷於報名參加學習課程，又不能準時聽課，上完課也做不到及時溫習，導致學習管理一塌糊塗，雖然對學習付出了極多，實際上

卻學不到多少有用的知識。

第四：沒有自己的知識體系

　　缺乏知識體系在學習中最直觀的表現是不知道為什麼要學習這些知識，也不清楚學了這些東西對自己有何作用，更不懂如何從中吸收對自己有益的內容，用於解決實際問題。這就使學習變得徒勞無功。雖然你總在學習那些熱門或時髦的知識，卻很難消化它們。

第五：不看重學習方法

　　尤其不重視獲取正確高效的學習方法。很多人對學習充滿熱情，恨不得一夜間便成為某個領域的專家，但卻用蠻力去學，比如死記硬背，不知道應該如何確定自己的學習方向，怎樣高效地留存學到的高品質的內容。所以這種熱情到最後總會被現實當頭澆一盆冷水，學不出效果。

　　費曼說：「知識不僅是文明的記憶，也不僅是未來的旗幟，它還是一種思維結構。當你從思維結構的角度看待知識時，就要意識到，學習的過程其實就是對我們自己思維的變革，它有聰明的方式，也有愚蠢的方式。」

　　我們即使從書本或知識平台中瞭解、閱讀到了全部的內容，哪怕倒背如流，那也只是完成了學習的不足 5% 的份額，也僅是達到了費曼要求的入門級別，更艱巨和更漫長的任務

還在後面。因為學習最重要的是最大限度地記住「有用的知識」，這些知識要深刻於腦海，並且應用自如，成為一技之長。所以，別一味地追求學習的數量，要著眼於學習的品質，提高學習的效能。

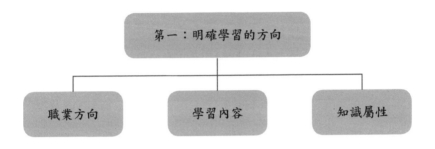

第一步要針對自己的職業／工作方向、學習的內容和知識的屬性，把要學習的知識規畫清楚，包括概念、事實、過程、原理性知識等，也就是先解決學習什麼的問題。在這一步中，記得及時地把不適合、不感興趣的內容挑出來，因為它們會影響理解和記憶的效能。

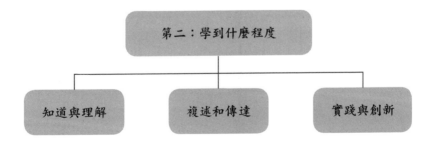

在第二步的三個層次中，第一個層次是**知道與理解**，表現為能夠正確地理解知識的含義；第二個層次是**複述和傳達**，表現為能夠正確地複述一遍並且講給別人聽；第三個層次是**實踐和創新**，表現為能夠將知識轉化為行動，然後創造新的知識。這三個層次缺一不可。

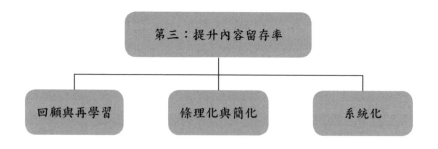

第三步是費曼學習法的核心，大致可以分為三個層次。

第一個層次，即本章講到的回顧和反思的步驟，經過現實的踐行與創新，通過必要的回顧與反思，對知識進行再學習；第二個層次，將知識條理化，以自己喜歡和熟悉的方式簡化，利於記憶和運用；第三個層次，將學到的知識整合到自己的知識系統中，或者產生新的知識系統。費曼和美國國家訓練實驗室的研究表明，這幾個步驟成功地運用下來，可以說明我們將學習的內容留存率提升到 90% 以上。

重複「有用的學習」

什麼是「有用的學習」？這個問題關係到我們對於學習的認知。首先舉個常見的例子，我們從一些付費平台上學到的東西，算不算是有用的知識呢？這已經是線上學習的一部分，是今日正在流行的風潮。我無意打擊讀者為知識付費的積極性，但我的建議是，既然為此付出了金錢，就要做好對知識的甄別。

如何甄別出那些有用的知識？一個簡單易行的辦法就是將知識劃分成三種，根據類型的不同採取對應的學習策略。

第一：對具有發展潛力的知識重點學習

這種知識能幫助我們成就事業，對我們的生活和事業甚至具有無可替代的決定性，比如與工作相關的專業知識、新的理論、關乎知識源頭的問題、概念、定理和應用等，它具有完整和體系化的特點，有完善的邏輯體系，可以指導我們的實踐。像投資、科學研究、晶片研發、工程設計等宏大的領域。這些知識具有持久和強大的發展能力，一旦選定就要重複和深入地學習，盡可能地提高內容留存率。

第二：對模組化的知識針對性學習

其次是模組化知識，也就是那些儘管不成體系、不可生長，但卻具有普遍的應用價值的知識，能用來做很多事情。比

如電器線路維修、電腦硬體安裝、計算公式等。這些知識是工具性的，也是模組化的，能解決所有的同類型問題，我們只需要在用到時針對重點學習即可，並不需要重複去學。

第三：對碎片化的知識堅持不學習

中國規模最大的英語補習班——新東方——創始人俞敏洪認為，人們平時在短影片和朋友圈裡面浪費過多的時間，他的理由就是這些內容提供給人們的全部都是碎片化的資訊，雖然偶有可學的知識，但它們的主要特點是破碎的，是臨時收集或道聽塗説，真假難辨，學之無益。我們平時閱讀雜誌或搜集資料時也要注意這個問題，少學或完全拒絕這些碎片化的知識，以免虛費光陰。

我們每天用於學習的時間是十分有限的，精力也有天花板。所以，很有必要對要學習的對象及其價值預先評估和識別，鑑別那些有用的知識，為它們設立優先、重要等級，將大部分的精力用於學習最高等級的知識。你要知道，我們學習的目的不是單純為了記住知識，而是使用知識。

留意知識的背後有什麼

在回顧與反思的過程中，提醒讀者格外需要注意的是，一定要搞清楚一門知識、一個概念背後的邏輯根源或者其他的背景資訊，因為沒有任何知識是可以脫離開這些而孤立存在的。

簡單地說，我們在學習中要有「**原理性思考**」。在複習知識時，思考一下它的原理，搞懂它背後的結構和支柱，這對提高內容留存率具有極大的甚至決定性的作用。只要能掌握知識的原理，就能大幅度地降低我們對於「記憶量」的依賴，不需要記憶太多的內容就能理解一個知識點。因為原理往往是可控的，而且可以舉一反三。

比如，軟體工程師大都學過 RPC 遠端程序呼叫。對於這項知識，假如你僅知道它的基本應用，你會發現它對你的很多業務都沒有太大的幫助，因為每次面臨新的任務你都要重新在它的應用上尋找策略。但是，如果你深入研究它的原理，看看它如何擴展，怎樣定址，就能與不同類型的業務系統建立一個完美銜接的通道。

再舉一個通俗易懂的例子：語言知識。我們學習一門語言，僅僅背下它所有的詞語和使用技巧，並不意味著就學會了這門語言，還要徹底地瞭解語言的背景、組詞結構、衍生意義和文化價值等，才能在不同的環境中應用自如。

比如中文，你必須知道這麼美麗的象形文字是怎麼被發明出來的，漢字的組成有什麼獨特之處和其他的象徵意義。這對我們熟讀中文這門知識有著莫大的幫助。

- 第一：知識的原理比知識本身對我們更有價值。
- 第二：探究知識背後的東西，也是非常重要的訓練思考的過程。
- 第三：能夠簡化知識體系，可以使學習既簡單又直接，節省寶貴的時間。
- 第四：掌握知識的原理，可以幫助我們對所學的領域建立一個基本概念。
- 第五：上述四點，十分有助於學習之後的應用實踐。

Chapter 19　費曼技巧：回顧原則

　　在費曼學習法中，回顧原則起著承先啟後的作用，是我們實現真正掌握一門知識的倒數第二步，當然也是極為關鍵的一步。費曼要求我們將學習中遇到的問題——證據不足、解釋不清、邏輯不明、自己一知半解的內容摘錄下來，逐步把這些內容與資料對比，梳理清楚。這樣一來，我們一定能得到最為精華的知識。

　　經過必要的回顧和反思，我們釐清了知識中爭議的部分，獲得了對學習對象較為全面和真實的闡釋，但是這還遠遠不夠，你要再想一想：我此時的理解和闡釋還能再簡單淺白些嗎？對於從未接觸過它的「新手」來說可以輕鬆理解嗎？

第一步：懷疑和探索

　　確保資料和事實是準確、精確和經過科學統計的。對未知保持強烈的好奇心，懷疑一切定論，哪怕它是權威定論。探索知識的本質和背後的問題，而不是僅記住知識的內容。

第二步：尋找反證

否定式的證據具有無比重要的作用，對此不能刻意忽略。對薄弱環節要多方搜集資訊，從多個角度加強理解，並提出自己的看法。重視爭議性的觀點，從讓人困惑的爭議中獲取比黃金還珍貴的知識。

第三步：加大「內容留存率」

追求學習的效能，而不是知識的數量。將主要精力放到有用的學習上，也就是重複理解那些「有用的知識」。加大內容留存率，我們需要擁有「原理性思維」。

需要強調的是，費曼本人並沒有把他的學習方法理論化。這些原則是由無數的追隨者和思維學家整理而成，他的很多學生從中受益匪淺，許多人成為各行各業中的佼佼者，對費曼技巧的研究便逐漸流行起來。

作為一位優秀的物理學教授兼天才學習者，費曼的經驗主要源於他在教學實踐中的經驗之談，以及他本人的學習心得的總結。比如回顧原則，費曼在很多場合都宣導人們重視對學習的反思，要從有意義的反思中得出新的東西，深入抓住知識的核心，然後有目的地簡化之，才能徹底地理解其中的精華。事實往往就是如此，我們必須在實踐中檢驗優秀的學習方法，並在理論上不斷完善它，才能保證我們日常學習的品質。

Step • **6**

簡化和吸收

簡化

學習的最終目的,是汲取我們需要的東西,形成自己的
知識體系。

Chapter 20
太多好東西
也會消化不良

正式開始本章之前，希望讀者先回答下面幾個問題：

1. 你每年閱讀幾本書（或者從來不讀）？

A. 5 本以上

B. 3 到 5 本

C. 從來不讀

2. 你是否深知自己的「知識弱點」？

A. 非常清楚

B. 遇到問題才知道

C. 從不知道，也不關心

3. 你從什麼地方學習知識？

A. 有目的地從不同的管道

B. 一直從固定的管道，比如老師、教科書或前輩那裡

C. 無論什麼管道，都被動地接受知識

4. 你發現知識有誤時是否在學習上做出過調整？

A. 及時調整　　　　C. 從不調整

B. 看情況

5. 你在學習中遇到問題時常被慣性思維左右嗎？

　　A. 從不

　　B. 很少

　　C. 經常

6. 你如何證明自己對某一個知識獨立思考了？

　　A. 我會充分地對比和論證

　　B. 我會堅持自己的固有立場

　　C. 我缺乏判斷力

7. 你每天堅持寫學習心得嗎？

　　A. 幾乎每天

　　B. 偶爾

　　C. 從來不寫

8. 你對有疑義和分歧的知識會寫下自己的深度分析嗎？

　　A. 會

　　B. 有需要時會

　　C. 從來不會

這八個問題是由美國管理協會設計，目的是評估一個人的學習方式是否有效和是否具有出眾的收集資料能力。在學習中，最怕的就是漫無目的、沒有重點地亂學，同時還自以為是，覺得自己學到了很多東西。從這八個問題中，我們能看到一個人是否找到了好的學習方法，是否可以高效地收集資料，對比不同的觀點，消化關鍵的知識，然後產生自己的見解。

測試做起來很簡單，你只需要根據實際情況打勾就行了。然而，八個答案全部是 A 的人，美國管理協會的專家發現不超過 0.1%。他們從全美 30 所大學、中學和近百家企業中徵集了上萬人參加測試，得出的這個資料非常嚴謹。你完全沒看錯，人們平時想像中的學習能力與實際情況並不相符，也許你覺得自己很善於學東西，其實距離優秀還差得很遠。因為這八個問題牽涉到一個人在學習時最重要的三種能力。

第一，主動學習的能力。
第二，懷疑反省的能力。
第三，原創思考的能力。

事實上，我們大部分人只能歸於 B 和 C 這兩種學習類型。這些年來，即便我的閱讀範圍相對普通讀者比較廣博和深入，卻也無法避免出現思考和判斷上的錯誤，其中很多還是低級的錯誤。因此，我對增加讀書量的學習效果充滿了懷疑，擴大讀書量真的能提高我們的知識水準嗎？實際上，好東西太

多，是會消化不良的。

正因如此，我們在學習中的最後一個重要的步驟是簡化所學的知識。什麼是簡化？打個比方，就像洗菜煮飯一樣，材料買回家，要清水洗淨，剔除不需要的部分，留下的乾淨有營養的部分，再分別擺放到盛器裡，一目了然。費曼說：「首先是對知識的分解，把你需要的、核心的東西找出來；其次是條理化，邏輯化，把這些剩下的知識整理好，成為一個整體。做好這兩項工作，我們才能吸收這些知識。如果你不能把一個科學概念梳理得邏輯簡單，通俗易懂，三兩句話就能講明白，那就說明你對這個概念是一知半解的，並沒有學好。」

很多人會傾向於使用一些複雜的詞語或者專業術語等來掩蓋自己不明白的東西。這是一個事實，例如經常有人在解釋某個知識時中英文混合，或講些晦澀的理論。看起來很厲害，其實他只是在欺騙自己，因為他不知道而且也不明白。

簡化和吸收是費曼學習法的最後一個步驟，目的是將學到的知識製作成一個精小的「**知識包**」，融入進自身的知識體系。當你自始至終都可以用小學生能夠理解的語言重新總結知識，你就成功地使自己在更深的層次上理解了該知識，在不同的知識點之間確立了牢固的聯繫，也發現了它們的本質。一般而言，經過了這一步，我們一定會清楚地知道自己在哪裡還有不足，該怎樣進行下一步。

如何簡化知識的要點？

第一：打開知識的「重要性開關」

意即先弄清楚哪些知識很重要，哪些知識一般重要，哪些知識不重要。為它們列一個優先順序，排好順序，全力吸收那些重要的知識。

平時，當我們在向別人講完一個東西的時候就會發現一個現象，之前心裡沒有印象、沒有邏輯的知識此時突然清晰起來，你能感覺到有些東西是重要的，有些東西則不重要。但在講述之前，你可能對此並不清楚。

就是說，通過三次複述，我們可以打開知識的「重要性開關」，既能訓練自己的語言組織能力，還能檢查這些知識點，形成一個清晰的邏輯，看看哪些部分才是自己最需要的，然後把它們留下來。

第二：將知識從複雜回歸簡單

費曼認為，所有複雜的知識體系都有一個簡單的核心邏輯，就像一團亂麻會有一根關鍵的線頭，找到這個線頭往外一拉，這團亂麻便輕鬆地被化解了。要把學到的知識簡化，我們就要提升自己的思考次元，站在高處往下看，找到裡面的那個核心。

比如股票知識，如果你要深入理解一支上市公司的股票，應該從哪些方面入手才能迅速抓住本質呢？在整個學習的過程中你一定會接收到大量的知識，包括但不限於估值、價格、資金最近的動向、未來的趨勢、K線形態，還有PE、淨資產收益率等關鍵的資訊。這些不同的知識點組合在一起，形成了一個判斷股票價值的集合體，也是一個複雜的資料系統。假如你要都搞清楚，將是十分艱巨的工作，也易使你偏離問題的正軌。就像很多人明明買到了估值很低、資料很漂亮的股票，卻一天天地跌下去一樣。他們對此莫名其妙，其實是他們在學習股票知識的過程中對於吸收和分析出了問題。

　　首先，你必須完全明白的是，無論一項知識包含多少概念和分支，它都有一個當仁不讓、至關重要的核心。這個核心才是你理解和吸收該知識的鑰匙，找到它，就能將複雜的知識簡化成一個易於理解的版本——簡單到隨便一個人都可以看明白。

　　其次，簡化知識就是完善我們的思考框架，從知識中總結和提煉要點，本身便是對思考能力的鍛煉。一邊學習有用的知識，一邊提升我們的思考能力，這個步驟可以起到一箭雙雕的作用。我建議讀者在總結知識的要點時，準備一張清單，不僅用到大腦，還要用到筆和手，把提煉出來的要點寫在紙上，隨時修改，對學習的效果更有幫助。

簡化所學知識的過程其實就是要求我們不斷地用簡潔的語言去解釋一樣東西，一直到我們的大腦像呼吸和喝水一樣輕鬆地理解它。經過簡化的知識能在大腦中把要點更有效地轉化為長期記憶，然後影響大腦的思維和決策，使知識發揮它的力量。這些要點也起著索引的功能，當需要重點使用該知識時，我們就能在大腦中按圖索驥，快速將內容調取出來。

如何吸收我們需要的部分？

不得不說，人在社會上的競爭優勢並非全部源於學習，它還與自身擁有的資源和天賦有著莫大的關係。這是我們不得不承認的事實。但是，隨著時代的進步、學習方式的進化和人與人競爭模式的改變，「**知識吸收能力**」對人的競爭性越來越重要。

最近十年中，世界上優秀的學府都開始研究和重視提高學生以知識為基礎的「知識吸收能力」（the absorptive capacity），這是當下一段時間的教育和組織研究中最重要的概念之一，屬於知識轉移的範疇。

這種能力具體指的是什麼呢？用一句話概括，就是**獲取、簡化、吸納、轉化和創新知識的能力**。從幾個關鍵字看，這種能力也恰恰深嵌在費曼學習法的幾大步驟中，幫助我們鎖定知識、理解知識、消化知識和創造知識。

第一：獲取知識

這是一項基礎能力，我們要從外部有效地獲取知識，確立學習的方向，制訂學習的計畫，並且充分地瞭解和判斷哪些知識對自己具有關鍵的作用。

第二：簡化知識

即以必要的篩選、整理等手段提煉出知識的骨架和要點，濃縮出知識的精華，提高內容留存率，為吸收知識做好準備。

第三：吸納知識

知識的吸納能力強調的是，我們要將那些核心的知識長久地保存在大腦中，成為一種長期記憶，並且做到真正地理解它，又遊刃有餘地向別人闡釋出來，實施以教代學的學習策略。不能被吸納和闡述的知識是很難被我們的大腦真正接受的，往往只是一種短期記憶。

第四：轉化知識

知識的轉化能力指的是，我們要把學到的外部知識與已有的知識有效地結合，使新知識轉化為自己知識體系的一部分，變成可隨時使用的能力。

第五：創新知識

知識的創新即開發新知識的能力，通過有效的學習，在已有知識的基礎上創造新的知識，甚至超越原有的知識。最終，

我們從知識的被動學習者和接收者，變成知識的主動創造者和提供者。

具有了這種能力，當你吸收知識中自己需要的部分時，會發現要做的事情很簡單，只要和自己的生活、工作目標結合起來，妥善使用上面五個關鍵詞，就可以高效地將自身需要的知識吸收進自己的知識體系。

比如，我們學完了財務課程，這個課程可能包含不同的部分，有純粹的會計知識，有上市公司的審計知識，有側重財務管理的知識。這時你要看看對自己最有價值的知識是哪一些。如果你在審計部門工作或未來擔任上市公司的財務審計職位，審計知識就是你重點吸收的內容；如果你的就業目標是財務總監，那麼就要學好財務管理的知識。

在吸收這些知識時，你還要做好兩大類的工作，第一是提高自己對潛在知識的吸收能力，包括知識的獲取和吸納；第二是提高自己對實際知識的吸收能力，也就是知識的轉化和開發利用，在學到的基礎上還要努力地創造，成為知識和技能的提供者，上升到讓別人學習你的境界。

線上學習時如何簡化知識？

狹義上的線上學習是通過電腦或者手機與網際網路連接，創造一個虛擬的網路教室，參與老師的網上授課，進行線上的學習和討論。這依然是一個集體學習的概念。但目前及未來的線上學習顯然已經不局限於此，它具有十分靈活的方式，在各種環境中和條件下都可以開展，只要你能夠連接網路。

雖然線上學習有它的缺點，比如無法當面討論，缺乏教室內集體學習的氛圍，也容易因沒有約束而懈怠。但它的好處是，學習不受地點、空間和時間的限制，並且能和現實中一樣與老師互動。另外，廣義上的線上學習也包含我們以個人目的為基礎的自主學習，比如為了掌握某種知識、瞭解某個領域而自發地從網際網路上尋找相關的資訊。這個過程沒有老師的參與，完全由你一個人主導整個進程。目前，這樣的線上學習已越來越流行。

當脫離面對面的接觸進行學習時，我們就會更清晰地感受到費曼學習法的巨大應用空間。費曼宣導的以教代學的思想也在其中有十分清晰的體現。比如，我們可以將所學的知識線上講述，通過分享給別人來驗證自己的理解是否正確，隨時修正觀點等，都能加快學習的進度，提升學習的品質。

「線上學習」中簡化知識的原則

第一：以實際效果為前提

就是說，在簡化知識時要先檢查自己的學習成果，我學了哪些，記住了哪些，對我而言比較重要的內容又是哪些？線上學習缺乏老師和同學的當面溝通，沒有直接交流，在講述時存在一定的障礙。此時，我們要加強對學習成果的檢查。

第二：以實踐應用為目的

必須結合現實的實踐應用來簡化知識，提煉其中的要點和關鍵部分。我們從網際網路搜集知識時，務必要以應用為目標。即：「線上學習」具有色彩鮮明的應用性。

第三：重視可以促進聯想的內容

由於網際網路本身的開放性和大量的資訊，搜索資料比較方便快捷，因此在簡化所學的知識時，一定要重視那些富有聯想性的內容，通過這類的內容繼續展開二次、三次學習，向問題的縱深拓展。這能加強我們學習的效果，促進原創性觀點的產生。

第四：避免在不同平台學習重複的內容

　　沒有計畫的線上學習很容易東一塊、西一塊，盲目地尋找資料，搜索知識，就可能出現就某一項知識重複學習的情況。比如在不同的網頁、平台或網路課程中學到了相同的理論或觀點，浪費時間。遇到這種問題時，要及時地刪除和簡化所學的內容，保留有效的學習，去除無效和重複的內容。

第五：和我們當下的工作相結合

　　無論任何形式的學習，我們都要將學習與工作密切地結合起來。線上學習最重要的意義就是銜接學習與工作，不僅將工作搬到了網際網路上，也把工作中的學習以線上的形式完成。有個詞叫「學以致用」，就是說我們的學習要能將知識和技能貢獻出來，幫助到當下的工作，幫助到其他人，一起提高知識水準。

第六：重視知識的成長性

　　我們從線上學習中也要建立完整的知識體系，以成長性的態度對待所學的知識。這不是完成一件迫於無奈的任務，或者是貪圖省時省力而採取的偷懶行為，而是有計畫地將不斷更新的知識、技能、經驗從網際網路上吸收過來，融入自己的知識體系。

當我們以「費曼學習法」的視角展開線上學習時：

以主動探索的態度學習知識

以自我需求為主，有計畫地尋找知識

以提高解決問題的能力為學習的目的

輸出知識時以網路分享和討論為主要特徵

簡化知識時以實踐應用為主要表現形式

Chapter 21 縱向拓展和精進

在費曼看來，一隻候鳥為何飛往北方或者飛向南方並不是什麼高深莫測的問題，講述給一位對生物遷徙一竅不通的人士並讓他聽懂這種現象也不難做到。「困難之處在於，候鳥的遷徙規律其實是複雜的，地球的氣候變化，地域生態，鳥類族群的習慣，路線的選擇等，這是一門龐雜的知識。」他說，「當你想深入學習這個領域的知識時，真正的難題才剛剛開始，你必須把它當作一個深耕的寶地，而不是一個簡單的幾句話就能講完的故事。」

理解新的知識不只是記下基本的原理，而是要將它們納入現有的知識系統，要充分地掌握內在的規律，成為這門知識的行家。像學英語，背上幾千個單字只能幫你完成一些初級的對話，卻不足以成為英語高手，比如閱讀專業的英文著作。這需要一套高效的學習方法，特別是能對知識縱向地拓展和精進。在費曼學習法的簡化步驟中，縱向深入知識的內部，是實現對知識深刻理解的必經途徑。

大部分時候，學習低效是因為你已經習慣了橫向擴展知識和進行增量學習。「橫向」和「增量」都是初級學習的標籤，只重廣度和數量，不重視學習的深度。這種學習會讓你獲取非

常大的知識量，但在學習的品質上卻效率十分低落，從而產生一系列的負面效應：

- 認為學習很辛苦，花太多的時間，消耗太多的精力。
- 不知道如何設計學習目標，總是感到迷茫。
- 學習時缺乏主動性與持久性，有一定的爆發力，但也容易三分鐘熱度。
- 學習不得要領，沒有奏效的學習方法。

第一：縱向拓展

解決這些問題的第一個原則是在學習中實現縱向拓展。需要注意的是，我們平時遇到的各種表面上看起來「無用」的不相干的知識，其實在最後都能聯繫起來，互相是有關係的，也就是知識間的橋梁。這意味著我們並不需要對一個問題橫向地掌握它所有的知識點，只需要對其中的一兩個點集中突破，深入研究，便能舉一反三。

例如，你對唐朝的歷史很感興趣，特別想學通從李淵建唐到唐末的整個唐朝歷史，然後你制訂了一個計畫，列出了時間表，又發現這真是一個漫長的過程，足足兩百多年的歷史呀！難道像流水帳一樣全部背誦下來嗎？就算唐史專家也不可能在兩三年內完成這個計畫，何況一個業餘的歷史愛好者呢？這時，你可以使用縱向拓展的學習方法，簡化你要學習的唐朝歷史，減少要學習的範圍——從「關隴集團對唐朝建立的影響」

這個知識點學起，重點研究李家與關隴集團的關係、關隴集團對唐初政局的影響等。沿著這條主線學下去，你會發現它就像一根極具黏性的繩子，使你不僅掌握了唐朝的歷史走向，還學到了很多富有深度的知識，這就是縱向拓展的好處。同樣的策略我們也能應用到別的知識上：比如天文物理，重點研究某個星球的重力、運動特點等，逐漸帶出該星系的運行規律、其他星球的特徵和相互關係等的知識。

第二：學習要有「綠燈思維」

費曼推崇的「綠燈思維」是：**事無禁止均可為**。當我們在學習中遇到新的觀點或者不同的意見時，一定要耐心地傾聽，懂得自我反省，從中汲取有價值的資訊。這使得我們的學習視野是不受局限的，既看得深，又看得廣，擁有開放的態度。

和「綠燈思維」相反的是「紅燈思維」，什麼是「紅燈思維」？就是**自我中心主義**。我們在學習和表達中當感覺到自己的觀點、尊嚴或立場有可能受到別人的挑戰時，第一反應不是與對方交換看法、平等溝通，而是充滿警惕，加強防衛，關上溝通的大門，拒絕反省。

想**擁有**「綠燈思維」並不容易，因為大部分人平時都在用「紅燈思維」想問題和行事，這包括我、你、他等無數的讀者，即便偉大的人物偶爾也不能免俗，也會有以自我為中心的時候。對此，費曼的建議是：在涉及思想或觀點的問題時，一

定要懂得區分什麼是「我」，什麼是「我的想法」。兩者並不是一回事。

> 「我們經常把別人對自己觀點的質疑理解為對我們這個人的徹底否定，當對方和你爭論某一個學術問題時，我們的第一反應往往不是去思考是否真的有問題，而是認為對方是在針對我，是在挑釁我。這是不對的。要為大腦點亮一盞綠燈，允許任何相反的觀點出現，把這些相反的觀點視為一把打開新世界之門的鑰匙，讓我們通過這道門學到更多、更好的知識。如果我們能這樣想，即使一個微不足道的知識點，也能讓我們收獲頗豐。」
>
> ——費曼

第三：學習要「以慢為快」

真正的高效學習，一定是把知識融會貫通的結果。想達到這樣的目的，就不能心浮氣躁，而是習慣「以慢為快」。在越來越快的生活、工作節奏和無處不在的學習焦慮中，做到「慢」並不容易，但這是一個必須完成的任務。「以慢為快」就是專注於一個學習對象，深刻地學習到精通的程度，有了對

其核心知識的深刻理解，我們才能 100% 地運用它，把它轉化為自己的本領。

比如教孩子學騎自行車。怎樣才算學會了騎自行車？是騎上順利地從家到達學校，再從學校返回？不是。如果這麼簡單，任何一個孩子半天的功夫就能順利地騎上 1000 米，可遇到不平整的路面，他還能這麼輕鬆嗎？所以不能著急，要慢下來。我們要讓他把精力放到掌握車的平衡上，在凹凸不平的道路上反覆尋找平衡的感覺，直至能掌握平衡，應付種種緊急的情況，才真正是學會了騎自行車。

但是現實中，很多人追求的卻是速食式學習，像「三分鐘學會看財報」「五分鐘學會高難度演算法」「一小時學會 48 個音標」等，從技術效率上把學習變成了一種不求甚解、只求「好像已經學會」的速食行為。對於這種粗製濫造的學習，費曼是堅決反對的。他曾這樣諷刺紐約的證券從業者培訓班：「我知道有一個地方號稱兩分鐘就能讓人學會 100 種兜售股票的技巧，從那裡走出來的證券經紀人，就像駕駛著太空梭的猴子，我不相信他們能把你成功地送回地球。」

以我自身的經歷來看，運用費曼學習法閱讀一本書時，僅為了製作不足 1000 字的書的知識結構圖，我就花了三天時間。然後，根據這張結構圖，我一邊學習具體的內容，一邊做筆記。完成前面的幾個步驟後，我要對書的內容再一次進行簡

化，又花了兩天的時間，修正了書的知識結構圖。正是因為看起來很「慢」，我打通了許多知識阻塞的地方，讓我對書的理解上升到了一個更高的高度。

第四：精進需要「刻意練習」

知識的精進需要「刻意練習」，但「刻意」二字指的並不是「有目的的刻意訓練」，而是提升我們的**「認知視野」**，拓展對知識的**「認知深度」**。就好比下棋，新手下棋時從棋盤上看到的不過是車、馬、炮這些具體的棋子，走一步看一步，高手看到的卻是整個棋局的走勢和所有可能採取的策略，從而在戰略層面做出正確的選擇。對同一個問題，新手和高手的認知方式截然不同，最終的結果也就有了天壤之別。

體現在學習中，就是放棄對細枝末節的考據，強化對問題本質和關鍵領域的研究，通過訓練，提高我們的認知視野和認知深度。

第一：重點研究問題的本質

什麼是問題的本質呢？例如，你要為自己的公司取名字，但缺乏這方面的知識，於是到網上搜索。網際網路給了你一大堆的結果，全是教你怎樣給公司取名字的，有產品命名法、有地域命名法、有行業命名法、甚至還有卜卦命名法。於是，你如獲至寶，一篇接一篇閱讀這些文章，一個接一個地嘗試。有效果嗎？忙碌好幾天下來，沒有效果，取的名字你都不滿意。

前面我講過，這種學習和運用知識的方法是在提升技術效率，而不是認知效率，它解決不了你的主要問題。你該怎樣做呢？最好的辦法是——考慮自己此次學習的目的，不是要學習取名的方法，而是要為公司取一個滿意的名字。這關乎認知的深度。按照這個認知，你再進行嘗試，就能看到一條快速通道：看看同行業的公司是怎樣命名的，結合自己公司的特點取一個相對合理的名字。這就是從問題的本質出發，規畫自己的學習路徑，可以少走彎路，迅速達到目的。

第二：大量的持續練習

《用對腦，從此不再怕數字》（A Mind for Numbers）的作者、美國工程學教授芭芭拉・歐克莉（Barbara Oakley）認為，一個人想成為某個領域內的頂尖高手不可能存在什麼捷徑，唯一的辦法就是對於核心技能有著更深刻的理解。

歐克莉在學校時數理成績就非常差，經常墊底，但為了保住自己的工作，她不得不面對大量的數學知識，尋找克服恐懼和提高學習效能的辦法。她曾經花了半個多月的時間，把幾十本數學專著的上千個問題抄寫下來，又花了 30 天的時間，將這些問題分門別類地整理成十幾個 PPT，然後反覆研究五遍以上。隨後，她又把自己的心得講給數學優秀的同學、同事等，請他們給出意見，直到能輕鬆自如地闡述這些數學問題。

最後，她又再次簡化了這些知識，把對工作最重要的部分

抽離出來，持續地練習和溫習，完全改變了自己的數學能力。

事實上，費曼學習法全程貫穿大量的持續練習。要想深入地瞭解一門知識，精通一個領域，有些工作是無法省略的。現在，我仍然保持著每天閱讀兩千字的習慣，就是為了保證自己在讀書學習時的敏銳度，以及拓展知識深度的能力。

第三：從自己感興趣的地方入手

興趣永遠是學習最強大的驅動力，也是保證學習效能的最好用的工具。這一點無需贅述。為了提高學習的效率，挖掘知識的深度，我們可以從自己感興趣的領域或知識入手，由點形成面，效果往往非常好。

例如，你正在學習演講，讀了很多教授演講的書籍，費曼的《發現的樂趣》你也讀過，潛心研究怎樣提高自己的演講技巧。平時，你經常被一些感人的事蹟打動，搜集了大量的好故事。但是，儘管你早已對演講類的知識倒背如流，也形成了自己的知識框架，實戰中卻仍然表現笨拙。這時你就要思考一下，很多演講之所以能夠打動聽眾，是因為演講的背後有一定的規律可循：

- 口才不僅源於演講的技巧，更源於對人性的認知。
- 組織語言的能力，首先取決於我們對一個問題的關注和興趣。
- 要把感情完全投注於演講，以情動人，才能以理服人。

對演講的技巧有了基本的瞭解之後，也掌握了語言、肢體表達的技能，更重要的一項工作就是發現那些**你特別感興趣的話題**——這些話題如同洩洪的堤壩，一旦打開，就像洪水噴流而出，有說不完的話，講不完的觀點。如果你特別喜歡演講，想從事這方面的工作，那就要找到和鎖定這些興趣，而非單純地搜集那些枯燥的素材。

開發興趣比背熟原理重要。以興趣為起點去學習相關的知識，閱讀相關的書籍，理解相關的概念，才能讓自己以較快的速度成長，真正地學通和學精一門知識，並把它應用於我們的生活和工作中。認識到這一點，會讓你對學習的本質有更為精確的認知。

Chapter 22 實現知識的內化

費曼認為，只要找到竅門，學習也許很簡單，但把學來的知識內化為自己的一部分任何時候都不容易。平時有很多人經常問我：「老師，我明明已經學了這些知識，解決問題時為什麼還是沒有任何的想法？」「我按照您說的步驟對知識有了深入理解，也做了簡化，產生了一定的框架，但總覺得這些知識與我過去所學存在衝突，感覺怪怪的。」你看，如果不能實現知識的內化，無論你在學習中付出了多少，都會遇到這個關卡。

> 知識的內化，本質上是將外部的智慧吸收為自身生產力的過程，與原有的知識架構完美融合，然後獲得 $1 + 1 > 2$ 的效果。

我們對比一下有些學習高手，他們學到一個知識後，為什麼就可以舉一反三地解決很多實際問題呢？比如，我的一位朋友學到了投資理財的知識後，不僅在投資的戰場上略有盈餘，還將家庭的財產配置得很好。以前是他的妻子管錢，現在則由他擔任家庭的財務總管。這是十分典型的學有所成和學有所用，能將知識轉化為現實應用的能力，為生活和工作提供創造力。

對於大多數人，他們之所以在解決問題的時候想不起應該使用哪些知識，或者在學到知識後不知道應用於哪些場景，並不是他們學得不好，而是他們所學的知識和遇到的問題之間是脫節的，有一項工作沒做好——未能將知識依照需求分配到它們該去的地方，沒能成為自身智慧的一部分。

還有人說：「我真的不清楚如何篩選有用的知識，也不知道什麼知識對工作能幫上大忙，更不用提將它們吸收內化了。」許多付費學習的人便屬於這種情況，他們花錢學到了大量非常複雜的知識，卻貪多嚼不爛，這些碎片化的資訊未經整理和思考，始終游離於自己的知識體系和需求之外。這種學習即便重複一萬次，也無法讓你的人生有質的提升。

形成自己的知識體系

什麼是我們自己的知識體系？通俗地說，就是我們可以將零碎分散、相對獨立的知識和概念吸收轉化為自己的東西，賦予它們邏輯，並且有效地運用這些知識。當你擁有自己的知識體系以後，解決問題時就可以形成自己的方法論。在學習時，也能有目的地挑選正確和滿足自身需求的內容；吸收知識時，也能做到合理地篩選、歸納和整理，使不同來源、觀點的知識為己所用，發揮應有的作用。

為了實現這個目標，我們需要養成對知識**深度挖掘**和**深度**

學習的習慣。在深度挖掘和深度學習時，最好使用多種工具，比如重要內容摘錄、畫出知識圖譜、標記核心要點、內容分類、概要總結等。有人會問：「如何才能滿足『深度』這個要求？」這的確是一個令人疑惑的問題，但它並不難實現。我們可以用幾個簡單的標準來進行評估：

- **技能的延伸和強化。**讓學習的過程不僅是解決一個問題，而是能夠開拓新的領域，並且創造新的知識。比如，通過學習英語不但可以閱讀一本英文小說，還具有了將中文小說翻譯成英文版本的能力。

- **對知識的前瞻性理解。**深度挖掘知識的核心要素和與其他問題的內在聯繫，掌握基本的原理和規律，然後提出前瞻性的見解。比如，當你學習人工智慧課程時，學有所成的同時對人工智慧的發展前景是否有自己不俗的預見？

- **對知識的系統性強化。**經過富有深度的學習，我們能打通不同領域的界限，優化自己的知識系統，開闊視野，從各個層面提高思考問題、解決問題的能力。比如，學習一門專業知識時，通過做筆記、搜索、歸納和深度理解，我們在這個過程中能修補自己其他領域的不足，完善已有的知識系統。

費曼的五項重要建議

費曼曾對自己的學生說：「從體系化的角度看待知識時，我們比碎片化的學習獲得了無數的好處，其中最大的好處是能看清不同知識的內在層次和結構關係，方便我們進行總結和昇華，然後對外傳播知識。」

這就是知識的內化。對此，費曼提出了五個重要的建議：

第一：使用筆記記錄知識的核心要素

學習時要養成記筆記的好習慣，把重點內容尤其核心的要素記錄下來。這既幫助我們在後面對知識的加工，也是一種輔助記憶的手段，能加深我們對知識的印象。

第二：一定要大幅度地整理所學的知識

「大幅度」的定義是，我們對輸入進來的資訊和資料進行一次深層次和全面的過濾，刪除不需要的內容，並把高價值的知識以一種嚴謹的邏輯整理出來，賦予清晰的層次感。

第三：對知識進行結構化的歸納與理解

通過自身的角度和需求，展開腦力活動，以結構化的方式對知識進行歸納與理解，形成自己的見解，並用精準的語言重新闡述。

第四：輸出和發佈自己所理解的知識

　　把歸納整理好的知識發佈出去，或者講述給別人，收取人們的回饋。這麼做既驗證自己的理解，也能在公開或非公開的溝通中聽取其他人的想法，補充自己沒想到的地方，開闊視野。

第五：對知識進行簡化、吸收和記憶

　　最終，對學習和輸出知識所得的「精華版本」進行簡化、吸收和記憶，產生自己的知識體系，創造新的知識，並且為己所用，轉化為長期記憶。到這時，我們的學習才算真正高效地完成。

　　對於這五項建議（五個步驟），費曼格外強調它們的相互關係。從第一步到第四步是遞進和逐層依賴的關係，而第五步是我們的最終目的。也就是我們在運用費曼學習法的過程中所學到和創造的知識，最終都是以分享和幫助別人並形成一個屬於自己的知識體系為目標的。我們也應該致力於讓晦澀高深的知識易於理解，在更廣泛的人群中普及。這正是費曼推崇「以教代學」的目的之一。

Chapter 23

第三次複述

費曼說：「我們所有形式的學習都是為了達到三個目的：第一是解釋問題，第二是解決問題，第三是預測問題。」本書宣導的第三次複述便是為了幫助讀者在學習到一門知識後，可以同步達成這三個目標，能夠使用自己所學的知識解釋問題、解決問題和預測問題。

請記住「預測」這個詞，它對我們的學習應該具有無比神聖的意義，是所有的學習可以達到的最高境界。這意味著我們明確了對待知識的態度——**知識並非只是拿來搬開腳下的石頭，或讓你明白過去，而是幫你讀懂未來。**

建立原創觀點

如果不能建立自己的原創觀點，就無法稱之為「100分的學習」。美國著名心理學家亞伯特‧班杜拉（Albert Bandura）是社會學習理論的創始人，他亦被稱為「認知理論之父」。1977 年，班杜拉提出了「自我效能理論」，用來解釋人們在特殊的情景下產生某種動機的原因。

這個理論的核心觀點是，一個人對自己完成某方面工作的能力總是會有一個主觀評估。這個評估的結果將直接影響他接下來採取什麼樣的行動，也就是影響他的「行為動機」。

比如，當你學習英語到一定的階段時，你對自己的學習成果一定會有一次自我評估：「我記住了多少單字？我能聽懂口語對話嗎？考試的成績是否令我滿意？與別人進行英語交流的效果如何？我能學好英語嗎？」如果這個評估是正面的，種種跡象顯示你非常適合學習英語，你繼續學習的動力將更加強烈，英語成績也會更好；但如果評估是負面的，你感覺自己的英語水準很拙劣，怎麼學都趕不上別人，這時就會產生一種「我不適合學習英語」的悲觀情緒，有很大的可能會放棄學習。

這就是「自我效能理論」的重要意義。假如你能積極地評估自己的學習效能，深入持續地學習下去，就可以逐步地在所學知識的基礎上產生自己的「原創觀點」。這正是我希望看到的。班杜拉認為，想對知識建立原創觀點，除了直接學習書本上的內容外，更重要的還在於我們要通過對世界的觀察去進行**間接的學習**。

- 人類最重要的知識大部分是通過觀察學習獲得的。
- 善於觀察世界的 10% 人貢獻了我們所學知識的 90%。

在班杜拉的社會學習理論中，「觀察學習」是一個重要的概念，這一概念也被稱為「替代學習」（vicarious learning）。即：**通過對學習對象的行為、表徵、演化和結果等進行觀察，搜集資訊，獲取寶貴的要素，再演繹出新的知識**。這一觀點與費曼的思路不謀而合。在費曼看來，所有的事物都是我們的觀察對象，這是一個自由定義。物理學、化學、數學、英語、工程學、電子學，乃至未來的科學，從觀察中我們都能獲得某些新的創造，覆蓋舊的知識，為學術研究、社會生活等提供更有依據的標準。而且，最重要的是在觀察學習中我們要建立自己原創的觀點。

形成有影響力的新知識

無論何時、何事，我們的重大決策都應該只在自己的能力圈中進行，即便那是一個看起來無比美好的機會。學習也是如此。我們在知識中的影響力總是必然出現在自己擅長的領域，對這個領域的研究是由我們真正精通並且感興趣的知識組成的。在這個令自己感到舒適的能力圈中，我們做得要比大部分人更好。這是我們的主場，是能完全發光發熱的地方。簡言之，你必須基於自己的興趣去開發學習的能力，創造有影響力的知識。

在第三次複述中，對於學習者而言，這是一項至關重要的任務。我深知學習是一個人終生的功課，也常把這個事實告訴

學生。不管你如何踐行費曼學習法，或怎樣理解學習的對象，你對人生成長的嚮往永遠是最重要的。你要盡一切可能發現那個最優秀的自己，找到那個最能迸發想像力和熱情的領域，然後全心投入。

但是，我們不得不承認，很多時候人都是懶散的。最勇於學習和永不服輸的人也偶爾會看到自己內心的退縮，人的本性追求安逸與無知。因為安逸和無知能讓人感覺到一種廉價的快樂。所以，當我們談到「具有影響力的知識」這個問題時，一定有很多人不太感興趣。然而，如果你已經下定決心想在學習這條道路上取得真正的成就，那就要面對這個現實，制訂一個符合你目標的計畫，去創造知識，而不是對知識蕭規曹隨。

> 「我們要渴望成長，要享受學習，瞭解這個世界的一切，但更要養成創造的習慣。我們要在學習中創造，要在闡述知識的過程中產生屬於自己的影響力。」
>
> ——費曼

知識的影響力總是直接來源於我們對學習的熱情。2016年，史丹佛大學的漢蒂教授（Handy Phyllis）及其團隊的一項研究發現，在學校教育和自主學習的所有可控的變數中，「熱

情」是造成學生的學習結果最大差異的因素。

第一，對史丹佛大學的自發式學習小組的調查表明，對某一領域共同的學習熱情是他們聚集在一起的最大因素。這讓他們每個人從中受益匪淺，取得了巨大的成果。

第二，對一個話題的熱情程度決定了你會為之付出多大的努力，而努力的程度又影響了你對這門知識的深入程度，最終奠定你在相關知識學習中的等級。

第三，熱情也從根本上決定著你的創造力和你對新知識的理解。如果沒有熱情，你除了背誦和功利的應用之外，對學習可能毫無興趣。因為你只是為了解決一個問題來學習，而不是為了改變未來。

漢蒂說：「熱情很難測量，但我們看到它時一定會知道。熱情是一切學習的精髓，它也許不能幫助你一直獲勝，但它總是能讓你向前發展，驅動你比過去更加理解這個世界，掌握更多的知識。」這樣的說明恰當而又深刻，為我們揭示了創造性學習的本質。簡而言之，當我們對所學的內容進行第三次複述時，最終的目的就是為了檢驗我們對知識的創造能力，形成我們自己在這方面的影響力。

Chapter 24 費曼技巧：簡化原則

現在，學習焦慮讓很多人的生活陷入重複的疲乏狀態中，他們從早晨到晚上都在不停地「嘗試學習」，希望抓住一切碎片時間充實自我。早晨鬧鐘一響，便打開知識軟體收聽付費課程；地鐵上，利用有限的時間到網上閱讀網紅的經驗分享；中午用餐時間和下班的路上，參加直播活動，學習各式各樣的知識。

有一位朋友告訴我，他在六個知識線上學習的平台訂閱了十幾個專欄，涵蓋了財經、管理、情感、美食、文化、地理等領域，每天接收的信息量都足以寫一本書。這些資訊或說知識讓他無比充實，當天只有學完訂閱的所有專欄後，才能舒舒服服地進入夢鄉，否則就睡不著覺。因為他覺得自己學了很多東西，有一種終於不再焦慮和恐慌的充實感。

他這兩年對學習感到很焦慮，生怕落後於時代，跟不上競爭者的步伐。這當然可以理解，時代的變化這麼快，人人都擔心自己的知識不夠用，怕別人懂的東西自己不懂，怕被社會淘汰，也對充滿不確定性的未來感到恐懼。但問題是，當你學到了這麼多的知識時——假設它們對自己的確有用——怎樣保證自己能夠充分地吸收和利用它們呢？如果學習的效能很低，學

到的知識如同過眼雲煙，留不住多少，學習又有什麼價值呢？

所以，費曼技巧中最重要的一步就是簡化並吸收所學的知識。只要做到了高效能的吸收，我們才能從根本上化解知識焦慮，也才能跟緊這個快速發展的時代。需要強調的是，費曼的簡化原則中不包括「短時間內掌握某種技能」這種功利的目的，也不會提供在學習中成功的捷徑。他唯一能向我們承諾的是，通過有效的簡化，我們能全面而深入地理解自己的學習對象，將「**有用的知識**」轉化為「**自己的知識**」。在這個基礎上，你就能無所不為、無所不能！

也就是，我們不但要做知識的簡化，還要借此升級自己的思路，開闊思考的視野，提升自己的認知。只有如此，我們的知識和技能才不會原地踏步，才能真正從終生的學習中受益，達到提昇自我的目的。

費曼認為，如果你不懂得簡化所學的知識，就等於一直在盲目而缺乏方向地收集「碎片化知識」，只積累了數量卻做不到體系化地開發和利用。在這種錯誤的學習思維主導下：

第一，你學的只是一堆空洞的結論而非豐滿的邏輯。
第二，你所做的簡化過程刪除了最重要的推演環節。
第三，你只是把多元化辯證分析變成一元化的立場總結。
第四，你只記住了表面的事實，沒有發現背後的原理。

長此以往，這種學習思維將徹底、完全地主宰你的行為模式，影響你的生活和工作：

第一，你的知識不成體系，因此很難宏觀地思考問題。

第二，你看待問題時容易簡單化和片面化。

第三，你的思維與視野容易狹隘，看不到長遠的可能性。

第四，你很難進行複雜、獨立和具有深度的思考。

就像蘋果公司創始人史蒂夫·賈柏斯（Steven.PaulJobs）說過的一句話：「有時候你得到的知識根本稱不上知識，充其量只是一堆資訊。」這就是為什麼許多人經常感歎：「儘管學了這麼多的知識，卻發現就像從沒學過一樣，因為無法對現實生活起到幫助，我還是那個平庸的我。」究其根源，是人們沒有正確地對知識進行體系化的簡化和吸收。

無論你的學習速度有多快，你都不可能掌握所有對你有幫助的知識；哪怕是萬分之一，這個目標也是遙不可及。有一項

資料表明：人類文明從直立行走到 2003 年的數百萬年間，創造的資訊共有 5 艾位元組，相當於 50 億部 1G 大小的電影。但到了 2010 年，人類創造 5 艾位元組的資訊只需要兩天；到 2013 年，這個時間是 10 分鐘；到 2019 年，這個時間已經變成了小於 10 秒鐘。

知識的增加速度超乎想像。這是我們必須承認的一個事實，無論你的精力有多旺盛，大腦的存儲能力有多強，時間有多充裕，你都不可能趕上知識的增長速度。因此，只注重數量和速度的碎片化學習對我們早已毫無幫助──也許有一點點浪費光陰的「價值」。在今天這個時代，最有效的學習不再是機械式的記憶、重複高強度的練習和將時間開發到極致的魔鬼式學習，而是嚴格地遵循簡單又直接的費曼學習法，尤其是最後一個步驟：簡化，盡可能地簡化──**只學習你需要的，只學習對你重要的，只學習知識之中「最核心的知識」**。在第一個原則中，要緊緊地抓住這三點，對所學的知識進行系統性的深入研究。

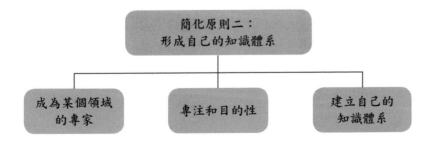

費曼向來不主張追求「數量」的學習模式，他曾嘲諷地說：「如果有人願意拿自己有限的生命去追逐無限的知識，並且還為此感動，那純粹就是一個無知的狂人。」即使不談今天，早在幾十年前，社會的分工也早已經極其精細，每個領域都如同一架精密的機器，而每個「零件」都代表著一門複雜的學問。最有效率的學習必須也只能是讓自己成為某一個領域的專家，而不是試圖樣樣精通，成為全才。這個世界沒有全才。

如果你在學習的過程中一味地追求大量的知識，捨不得刪除、整理和歸納，就像吃飯脹氣一樣，不但腸胃受不了，最終整個身體都會不堪重負。你難以形成自己的知識體系，也無法把其中的一些知識開發到極致，只會讓你對知識的匱乏感到更加焦慮和惶恐。

只要用心觀察就會發現，真正在社會上取得卓越成就的優秀人物，他們都是在自己擅長的某個領域內專注地開發出了自己的天賦，他們的學習具有很強的目的性，能夠全神貫注地做好自己的事，平時耐心地積沙成塔，機會來臨便能一鳴驚人。

因此，你不要再羨慕那些在不同的領域取得成功的人的成就，而是要學習他們的做法。只要運用好費曼學習法的簡化原則，高效率地吸收和轉化知識，在你擅長的領域內擁有了你自己的知識體系，達到了一定的專業水準，你也能實現令人仰望的成功，而且做得比他們還要好。

後記

親愛的讀者，當您即將讀完本書，結束這段旅程時，有一個關於學習的規律需要我們永遠地記住：

主動的學習遠比被動的學習重要；系統的學習遠比碎片式的學習重要；向內的學習遠比向外的學習重要；專業的學習遠比跨界的學習重要。

在知識焦慮和「再學習」流行的時代，本書通過對費曼學習思想的闡釋，想表達的一個關鍵原則就是：不要指望知識可以速成。

我並不反對線上學習，或從付費平台獲得知識時以碎片化的方式提高自己的能力、追求速食式的知識應用，但我反對缺乏邏輯與系統的學習方法。如果你沒有找到正確的學習方法，就會像一個笑話裡所說：

你聽著創業講座，看著名校的公開課，上論壇參與各種高等話題的討論，對網際網路大佬的創業史如數家珍，逢人便談各種先進的思想。但你每天都在辛苦地擠地鐵。

這肯定不是我們希望的生活，也不是我們學習的目的。我們想改變身處的環境，想逆轉自身的命運，學習應該是助人向上的工具，而不是維持原狀的枷鎖。

　　在本書的最後，我們再總結一遍費曼學習法的核心思想和應用原則。費曼曾經向普林斯頓大學數學系的所有教授發起挑戰，他說：「不管是多麼複雜難懂的數學知識，只要你們使用簡單的術語描述，我就一定會算出正確的結果。」聽起來這個要求一點也不高，但很多教授卻在實踐中發現：這太難了。因為這意味著自己必須對相關的知識徹底地理解，能夠重新組織一套語言進行精確的描述。這就是費曼學習法的精髓。

　　從中國古代的教育思想中，我們也能尋找到相似的方法，即「教學相長」的教育原理。最好的學習，永遠是在輸出的過程中實現，而不是單向的輸入。首先確立一個學習的目標，鎖定你的方向，然後認真地理解它；其次，用簡潔的語言講述給別人聽，通過不斷的複述進行對比，達到自己滿意的程度。你可以設想一個模擬教學的場景，想像一下自己正在教授一位初次接觸這個概念或知識的人，應該如何讓他很快就能聽懂呢？當你採取這種方式時，你會更加清楚地意識到對這個概念或知識自己究竟理解了多少，還有哪些地方模糊不清或存在誤解，回過頭去檢查、反思和修正；最後，對所學的知識進行系統化的簡化和整理，達到吸收和內化的目的。

在《別鬧了，費曼先生》一書中，費曼提到了自己的父親告訴他的一個道理：「當你看到一隻鳥時，即便你知道牠的名字，對牠也仍然一無所知。因為你只是知道了人類賦予牠的名字，僅此而已。至於牠在夏天橫跨整個國家並飛行上萬英里時是怎樣辨別方向的，沒有人知道是怎麼回事。」他的意思是，很多真正的知識往往藏在表象的背後，需要你做出解釋。如果你能向人們解釋明白一隻鳥如何掌握飛行的方向，才說明你真正瞭解了這只鳥，否則不過是人云亦云。

在運用費曼學習法的過程中，我們經常會有「卡住」的感覺——這在一般高難度的學習中是常見的事。以後學到一半卡住的時候，你還會如往常般暫時放棄嗎？費曼告訴我們，不要放棄，而是對卡住的部分加強理解，用精練的語言概括和闡述出來。多嘗試幾遍，直到你對它足夠理解並能通俗地解釋這一部分為止。請相信，這不比死記硬背容易，但效率和結果一定勝出百倍。

真誠地希望本書能為讀者提供一定的參考價值。

加入晨星

即享『50 元 購書優惠券』

── 回函範例 ──

您的姓名： 晨小星

您購買的書是： 貓戰士

性別： ●男 ○女 ○其他

生日： 1990/1/25

E-Mail： ilovebooks@morning.com.tw

電話／手機： 09××-×××-×××

聯絡地址： 台中 市 西屯 區

工業區 30 路 1 號

您喜歡：●文學 / 小說 ●社科 / 史哲 ●設計 / 生活雜藝 ○財經 / 商管
（可複選）●心理 / 勵志 ○宗教 / 命理 ○科普 ○自然 ●寵物

心得分享： 我非常欣賞主角…

本書帶給我的…

"誠摯期待與您在下一本書相遇，讓我們一起在閱讀中尋找樂趣吧！"

國家圖書館出版品預行編目（CIP）資料

費曼學習法／尹紅心、李偉著. -- 初版. -- 臺中
　市：晨星出版有限公司, 2021.09
　216面；14.8×21公分. --（Guide book ; 377）
　ISBN　978-626-7009-49-9（平裝）

　1.學習方法

521.1　　　　　　　　　　　　　　110012044

Guide Book 377

費曼學習法
不管學什麼都能成功的技巧與心法

作者	尹紅心、李偉
編輯	余順琪
校對	楊荏喻
封面設計	耶麗米工作室
美術編輯	林姿秀

創辦人	陳銘民
發行所	晨星出版有限公司
	407台中市西屯區工業30路1號1樓
	TEL：04-23595820　FAX：04-23550581
	E-mail：service-taipei@morningstar.com.tw
	http://star.morningstar.com.tw
	行政院新聞局版台業字第2500號
法律顧問	陳思成律師
初版	西元2021年09月01日
初版四刷	西元2024年04月01日

讀者服務專線	TEL：02-23672044／04-23595819#212
讀者傳真專線	FAX：02-23635741／04-23595493
讀者專用信箱	service@morningstar.com.tw
網路書店	http://www.morningstar.com.tw
郵政劃撥	15060393（知己圖書股份有限公司）

印刷	上好印刷股份有限公司

定價 300 元
（如書籍有缺頁或破損，請寄回更換）
ISBN：978-626-7009-49-9

本作品中文繁體版通過成都天鳶文化傳播有限公司代理，
經北京時代華語國際傳媒股份有限公司授予晨星出版有
限公司 Morning Star Publishing Inc.獨家發行，非經書面同
意，不得以任何形式，任意重製轉載。

Printed in Taiwan
All rights reserved.
版權所有・翻印必究

| 最新、最快、最實用的第一手資訊都在這裡 |